MAITRE ECKHART

et la mystique rhénane

Hos peperi natos Quos pdūt esse beatos Signa dei pura Miracula papalia

Jeanne Ancelet-Hustache

MAITRE ECKHART

et la mystique rhénane

MAITRES SPIRITUELS

 ISBN 2-02-000262-0

Arbre généalogique des Frères Prêcheurs. Le bienheureux Henri Suso se trouve immédiatement au-dessus de saint Dominique. Gravure sur bois de 1473.

mea: ⁊ salus mea quem timebo.
Dominus protector uite mee: a quo
trepidabo.
Dum appropiant super me nocen
tes: ut edant carnes meas.
Qui tribulant me inimici mei:

La mystique allemande avant Maître Eckhart

Il convient d'abord de rendre au mot « mystique » son sens originel qu'un usage constant, assez abusif, lui a en partie fait perdre. « Mystique » de la science, « mystique » du travail, « mystique » de la patrie : depuis Péguy, ce mot, qui s'oppose chez lui à « politique », enveloppe d'un halo de mystère et d'idéal la sèche précision du concept.

La mystique, au sens propre, a ceci de commun avec la « mystique » selon l'usage courant du terme, qu'elle met l'accent sur l'élément irrationnel plus que sur les aspects sociaux, moraux ou dogmatiques de la religion. Elle se trouve chez tous les peuples, à tous les moments de l'histoire. C'est elle, surtout, qui permet de qualifier l'homme d' « animal religieux ». Peut-être pourrait-elle se définir ainsi : le désir mystérieux, éprouvé comme sacré, antérieur à toute justification rationnelle, parfois inconscient, mais profond et incoercible, de l'âme qui s'efforce d'entrer en contact avec ce qu'elle tient pour l'absolu, généralement son dieu, parfois aussi une entité plus vague : l'être en soi, le grand Tout, la nature, l'âme du monde.

Cet élément premier, simple et partout identique en son fond, s'exprime évidemment en des formes diverses selon le milieu où il se présente et la qualité spirituelle de l'individu. Il anime déjà les incantations et les danses des primitifs. Il se manifeste plus noblement au fur et à mesure que les civilisations s'affirment : bouddhisme dans l'Inde, taoïsme en Chine, mystères grecs, mystique arabe et persane. Les grandes religions du passé ont leurs livres mystiques. Quand la philosophie s'est développée dans un peuple, elle tente

« *Dominus illuminatio mea...* » *Psaume* 26.
Manuscrit du XIIIe *siècle.*

aussi de traduire en formules discursives ce qui, par essence, dépasse la raison.

La mystique des prophètes et du psalmiste traverse comme un courant de feu la religion d'Israël. Jésus s'en réclame sans cesse, lui qui est venu non pour détruire la religion de ses ancêtres, mais pour lui apporter son couronnement. Vivifiée par sa parole, nourrie de son enseignement, cette mystique d'Israël passera dans la mystique chrétienne. Tel ou tel verset de Matthieu, Marc ou Luc, fait parfois jaillir la flamme aussi vieille que l'ancienne Alliance, rajeunie par le Christ. Mais alors que le récit des synoptiques a d'ordinaire le mouvement d'une chronique qui se veut dépouillée, strictement objective, l'évangile de Jean et les épîtres de Paul donneront à la mystique chrétienne sa charte définitive. Les siècles ultérieurs pourront bien l'élaborer, les grands génies religieux la marquer d'âge en âge de leur propre sceau, elle demeurera, malgré ces apports successifs, toujours la même.

Pour le chrétien, en effet, la mystique des autres religions, d'ailleurs infiniment émouvante et respectable, balbutie seulement. Le Christ est l'unique Verbe. Par les mérites de l'Incarnation et de la Rédemption, celui qui croit en lui peut obtenir dans sa plénitude ce que les non-chrétiens cherchent à tâtons dans leurs demi-ténèbres.

La vie mystique du chrétien est une vie d'union à Dieu accordée à l'âme par la grâce. Le plus humble fidèle qui sert Dieu et le prie vit déjà d'une vie surnaturelle, c'est-à-dire en relation avec Dieu. Au plan psychologique, le sentiment confus et intermittent qu'il a de cette présence divine en lui est une ébauche d'expérience mystique.

Au fur et à mesure qu'il progresse en vertu et avance dans sa voie, cette union se fait plus intime et profonde. La connaissance qu'il en a s'affirme et se précise, accompagnée de douceur ou d'aridités purifiantes. Dieu se manifeste par l'accroissement des vertus théologales, foi, espérance, charité, et des vertus cardinales, prudence, justice, tempérance et force.

Aux degrés privilégiés, la conscience que l'âme a de cette présence divine lui est donnée de façon presque permanente, quelles que soient d'autre part ses activités extérieures. Elle reçoit surabondamment les grâces de contemplation infuse. Les dons du Saint-Esprit portent à une plus haute

Le Jardin des Vertus. La Somme le Roi, 1295.

perfection les vertus théologales et morales, illuminent toujours davantage l'intelligence, fortifient la volonté, rendent de plus en plus docile à la motion immédiate de Dieu. Tout en gardant sa nature propre, l'âme participe à la vie même de Dieu, dans la mesure où le lui permet la condition mortelle. Elle est devenue par grâce ce qu'il est par nature, transformée en lui, « divinisée » selon l'expression des Pères grecs, et elle a pleinement conscience de cette déification. Ce qui n'exclut pas toujours les diverses épreuves mystiques, tentations, ténèbres intérieures, sentiment de déréliction.

Ainsi pourrait-on esquisser en quelques traits un schéma de la vie mystique entendue au sens chrétien. Les phénomènes plus ou moins extraordinaires qui l'accompagnent souvent, révélations et visions, ne sont qu'accessoires : grâces divines peut-être, illusions parfois, effets pathologiques même, le corps fléchissant sous le poids des joies ou des peines extrêmes éprouvées par l'âme. Les théologiens s'en méfient plus ou moins ; dans tous les cas, ces phénomènes ne sont jamais considérés comme l'essentiel.

Depuis quelques siècles, on a pris l'habitude de nommer mystiques ceux et celles qui ont fait cette expérience de la présence de Dieu en eux à un degré suréminent. La théologie mystique spéculative décrit cette même expérience et en traite théoriquement.

Les premiers Pères de l'Église captent tout ce qui, dans l'hellénisme, leur apparaît comme une préparation au christianisme et peut lui être incorporé. Platon joue ici un rôle bien plus important qu'Aristote, et moins les traités de Platon eux-mêmes que la transposition qu'en ont donnée Philon le juif et les gnostiques. Tout pénétrés de cette pensée, les écrits de Clément d'Alexandrie et d'Origène, au IIIe siècle, sont les précurseurs du néoplatonisme chrétien qui aura tant d'importance pour la mystique occidentale.

Le néoplatonisme prend sa forme classique dans les textes de Plotin (vers 205-270) qui fera école. Sa doctrine se retrouve avec des variantes chez son disciple Porphyre et chez Proclus († 485).

Malgré leurs divergences de détail, les néoplatoniciens se rencontrent dans leur conception de Dieu et du monde. L'univers est un tout organisé selon une stricte hiérarchie, où chaque espèce, chaque être a sa place. Infiniment simple et pur, l'Un a produit tout ce qui est. Issues de lui, les créatures jouissent de leur existence propre, mais, quoique séparées, elles lui demeurent encore unies et veulent retourner à leur source. La fin de l'homme, son salut, consiste à rompre ses attaches avec le monde extérieur pour refluer vers l'Un.

Le néoplatonisme inspire les grands docteurs cappadociens, saint Basile de Césarée, saint Grégoire de Nazianze, saint Grégoire de Nysse. L'œuvre immense de saint Augustin (354-430) et la *Consolation de la philosophie* du romain Boèce (vers 480-524) en seront tout imprégnées.

La Consolation de la philosophie, de Boèce.
Manuscrit du XIIIe siècle.

Scientie eni philosophox consolatrici que int ea

tisticias anxiossorum sunt ei materia. vel ipsi sunt miseri ci

rcitatur. Miseros autem vocat gaudentes de titenus

a agit de consolatione non quorumcumque sed philosopho

omnium naturalium rerum. ideo legendus est. Philosophi dici

nat

ren

su

hab

con

i. u

qu

ue

mu

de

co

so

con

In

solantis: omnium persone que uba philosophorum n

Cum quon hic tres persone: persona miseri que au

principio ultimum desolatum. i.

dam stu in desolatione poni potest. Deso

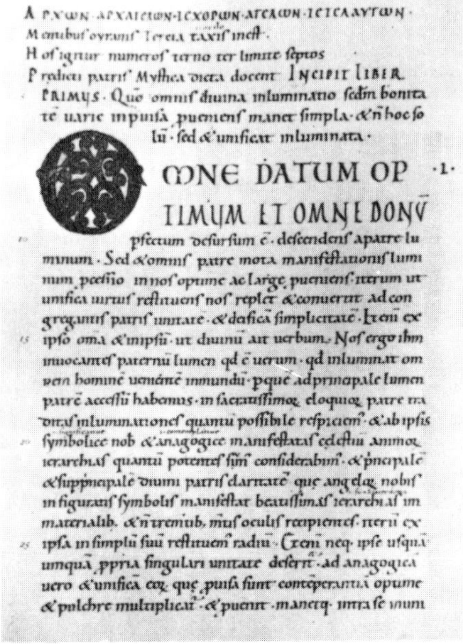
INCIPIT LIBER PRIMUS
OMNE DATUM OP ·I·
TIMUM ET OMNE DONU

Au début du VIe siècle, des traités en grec apparaissent, qui appartiennent à ce même courant. Ils s'appellent : *Des noms divins, De la théologie mystique, De la hiérarchie céleste.* On les attribue à Denys l'Aréopagite, disciple de saint Paul, et les siècles suivants continueront à les désigner sous ce nom. En réalité, ils sont probablement l'œuvre d'un néoplatonicien converti au christianisme. Traduits en latin par Jean Scot Érigène dans la seconde moitié du IXe siècle, ils inspireront, en même temps que saint Augustin et Boèce, toute la spéculation mystique du moyen âge.

Telles sont les sources philosophiques de la mystique médiévale, saint Augustin et le pseudo-Denys au premier plan. Jusqu'au XIIe siècle, la pensée platonicienne et néoplatonicienne restera prédominante dans l'Occident médiéval, dans les écoles de Chartres en particulier.

Mais ces notions abstraites ne sont pas passées par les cœurs chrétiens sans y prendre chaleur et vie. Le Dieu qu'appelle la nostalgie du mystique n'est plus le Dieu lointain de philosophies plus ou moins teintées de panthéisme. Le Logos s'est fait chair et il a habité parmi nous. Augustin l'a aimé d'un amour passionné. A leur tour, les peuples jeunes issus des invasions barbares apportent un sang neuf à la foi qu'ils ont accueillie. Au temps des croisades, les fidèles tournent leurs regards vers les pays où le Christ est mort. Saint Bernard (1090-1153), dont le génie domine son siècle, révèle dans ses traités et ses sermons sa familiarité avec la doctrine néoplatonicienne, mais il veut avant tout connaître Jésus, et Jésus crucifié. Il introduit dans la mystique le thème de l'âme fiancée au Christ qui aura après lui une si grande fortune.

Traduction, par Jean Scot Erigène, de Denys le mystique. (Manuscrit allemand du XIe s.)

Saint Bernard. Manuscrit du XIIIe siècle.

Son ami Guillaume de Saint-Thierry (1085-1149), cistercien comme lui, reprend et élabore sa pensée. Parallèlement, les chanoines augustins de l'abbaye de Saint-Victor, à Paris, Hugues (1096-1141) et Richard, son disciple, seront, avec Bernard de Clairvaux, les premiers grands noms de la mystique occidentale.

Maître Eckhart, père, chef de la mystique allemande, répètent volontiers dictionnaires et manuels. Incontestablement, si l'on entend celle qui porte sa marque et que l'on fait commencer à lui ! Mais l'Allemagne mystique a d'autres noms antérieurs au sien, les plus grands appartenant d'ailleurs à des femmes.

Et pourtant, quoique des foyers de chrétienté se rencontrent dès les premiers siècles sur les rives du Rhin, la Germanie, dans son ensemble, est venue tard au catholicisme. Alors qu'au IIe siècle, Lyon a son évêque, Pothin, que Clovis recevra le baptême avant l'aube du VIe siècle, les tentatives de conversion chez les païens germaniques ne portent vraiment leurs fruits qu'au VIIIe siècle, après que Boniface, venu d'Angleterre, ayant prêché la foi en Rhénanie, en Thuringe et en Hesse, a reçu en Frise la grâce du martyre. A partir de cette date, les régions qu'il a évangélisées se couvrent d'abbayes.

La rhénane Hildegarde (1098-1179) fonde les monastères bénédictins de Bingen et d'Eibingen. Elle pratique la médecine, voyage, prêche, correspond avec les plus hauts personnages de son temps : Bernard de Clairvaux, l'empereur, le pape. Douée de visions depuis l'enfance, elle reçoit vers l'âge de quarante ans l'ordre intérieur de les écrire. Elle doit avoir recours à des ecclésiastiques en raison de son latin insuffisant. Ces visions prophétiques remplissent son livre le plus célèbre, *Sci vias*. Hiératique, austère, virile, sainte Hildegarde de Bingen rappelle, par son style grandiose et sombre, Ézéchiel et l'Apocalypse. Elle enseigne, sévère et grave, convaincue de sa mission envers son temps.

Sa compatriote et contemporaine Élisabeth de Schönau, bénédictine comme elle, a laissé des livres de visions moins célèbres, mais où transparaît une âme humble et pleine d'amour.

Au début du XIIIe siècle, un ample mouvement se dessine dans l'Europe chrétienne. Jusqu'alors, l'expression la plus

Sainte Hildegarde et son secrétaire Volmar. Autour de la moniale, cinq flammes : « la splendeur du feu qui vint du ciel ouvert pénétrer son cerveau et embraser son cœur ». (Manuscrit du Sci vias, *fin du XIIe siècle.)*

haute de la vie religieuse était le cloître ou la solitude érémitique. Voici maintenant que, tout en demeurant dans le siècle, les laïques aussi cherchent à embrasser un mode d'existence compatible avec leur piété. Peut-être l'attitude de leurs évêques, choisis par l'empereur pour des raisons politiques, parfois aussi peu édifiants que les autres grands barons, et l'insuffisance d'un clergé séculier souvent fruste, provoquent-elles par réaction cette nouvelle ferveur. L'élan suscité par les croisades n'y est pas étranger non plus, ni ces « malheurs des temps », épidémies, famines et guerres, que le moyen âge connut surabondamment.

Encore à l'intérieur de l'Église, ou déjà prêts à s'en évader, les adeptes de tous ces mouvements veulent suivre le conseil évangélique de pauvreté, imiter la vie du Christ et des apôtres. Inséré dans les institutions féodales, le cloître ouvrait son abri sûr. Ceux-là travailleront de leurs mains, demanderont l'aumône, attendront leur pain quotidien de la Providence, renonceront aux vanités de ce monde pour posséder Dieu.

Ce sont, suivant les régions, les pauvres de Lyon, disciples de Pierre Valdo, les Humiliates dans le nord de l'Italie, les Albigeois au sud de la France. Dans cet effort pour intérioriser leur foi, les plus extrêmes prétendront se passer du culte et du prêtre, voire des sacrements, pour supprimer tout intermédiaire entre Dieu et eux. La sûreté du jugement n'allant pas toujours de pair avec l'élan du cœur, ils donnent dans des hérésies parfois grossières, risquent de rompre les structures religieuses et sociales et, par là, rendent a priori suspects ceux qui, authentiquement catholiques, paraissent s'inspirer d'un idéal semblable au leur.

Le cœur brûlant de François d'Assise (1182-1226), le zèle apostolique de l'Espagnol Dominique (1170-1221), enflamment à leur tour les foules. Grâce à la compréhension d'Innocent III, ils peuvent canaliser vers l'Église les aspirations profondes de leur temps. Ils ont avec celui-ci de telles affinités que ses plus hautes valeurs naîtront de leur esprit. Les grands scolastiques porteront l'habit de Dominique ou de François. L'ample mouvement mystique qui se prolongera pendant le XIVe siècle, et aura sur toute la culture occidentale d'incalculables répercussions, se situera sous leur signe.

En Flandre, en Brabant, dans les Pays-Bas et l'Allemagne du nord, on voit s'amorcer un élan religieux qui ressemble

Saint François d'Assise. Peinture murale dans une chapelle latérale de Subiaco (sans doute avant 1224).

singulièrement à celui des pays romans, sans que l'on puisse déceler si des ramifications les unissent l'un à l'autre. Les femmes surtout y participent. La poésie courtoise chante leurs louanges, voit en elles des êtres de pureté et d'amour. S'enthousiasment-elles donc pour un haut idéal plus facilement que leurs compatriotes, volontiers lourds et positifs ? Prosaïquement, on peut aussi reconnaître là des causes sociales. Sans que des chiffres précis l'établissent, elles semblent être en surnombre, dans la noblesse en particulier. Les guerres intestines, le climat mortel lors des expéditions d'Italie ou d'Orient, les Sarrasins, font des coupes sombres parmi leurs frères, leurs époux, leurs fils. Résignées et renonçantes, elles sont alors attirées par le cloître. Certaines préfèrent pourtant, comme les fervents de la pauvreté dans les pays du sud, abandonner jusqu'à la sécurité qu'il offre. Elles se groupent en petites communautés, filent et cousent pour gagner leur pain, soignent les malades. Surtout, elles prient. On les nomme béguines, d'un nom dont l'étymologie reste incertaine. Au début, elles tentent de se rattacher aux Cisterciens et aux Prémontrés, qui récusent cette charge. On les suspecte parfois d'hérésie en raison de leur mode d'existence inaccoutumé, au moins extérieurement semblable à celui des hérétiques de France et d'Italie ; à cause aussi de certaines imprudences de langage ou d'écriture, explicables par leur préparation théologique insuffisante. Les religieux chargés d'elles doivent souvent les défendre contre de telles accusations. Le cardinal Jacques de Vitry, Thomas de Cantimpré, témoins irrécusables, se sont portés garants de leur vie exemplaire par l'évocation de quelques-unes d'entre elles : Marie d'Oignies († 1213), Christine l'Admirable († v. 1224), Marguerite d'Ypres († 1237), Julienne du Mont-Cornillon († 1258), toutes données à Dieu et au service du prochain, saintes ou bienheureuses, extatiques ou stigmatisées. Plusieurs ont écrit elles-mêmes dans leur dialecte, telle Béatrice de Nazareth († 1268), et chanté en vers leur ineffable amour : ainsi, dans la première moitié du XIIIe siècle, la géniale Hadewijch d'Anvers, que certains aspects de sa mystique rattachent au néoplatonisme par l'intermédiaire de Guillaume de Saint-Thierry cité dans ses œuvres. Or, de Flandre et de Brabant en Allemagne, la distance est courte et la barrière linguistique, à peine sensible, facile à franchir.

Sainte Elisabeth de Hongrie distribue des aumônes. Elle reçoit l'habit du Tiers-Ordre franciscain. (Châsse de la sainte, première moitié du XIIIe siècle, église Sainte-Elisabeth de Marbourg.)

Après une première tentative qui a échoué par suite d'un malentendu, les Franciscains sont arrivés en Allemagne en 1221. Avant 1230, ils ont déjà des maisons dans la plupart des provinces. La mystique franciscaine d'Allemagne est encore assez mal connue. De bonnes monographies font défaut. David d'Augsbourg (vers 1200-1272), le premier Franciscain allemand auquel on puisse donner le nom de mystique, écrit en latin et en langue vulgaire. Son compatriote Lamprecht de Ratisbonne, également franciscain, compose vers 1250, en allemand, un poème mystique à intention didactique : *La Fille de Sion*. Lamprecht et David se montrent assez méfiants à l'égard de la mystique féminine, avec ses phénomènes de plus ou moins bon aloi.

A peu près en même temps que les Franciscains, les Dominicains apparaissent en Allemagne. Dès 1221, ils s'installent à Cologne. Les deux nouveaux Ordres ont un immense pouvoir d'attraction : leur prédication, leur vie évangélique, leur détachement des biens terrestres, voilà ce que tant de cœurs zélés attendaient. Les deux Tiers-Ordres répondent au désir des âmes. Grâce à ces institutions, on pourra obéir à ses devoirs familiaux et sociaux tout en imitant mieux le Christ. Après la mort de son époux, Élisabeth de Hongrie (1207-1231), duchesse de Thuringe, entre dans le Tiers-Ordre de saint François, créant dans l'Allemagne du centre la première communauté charitable, consacrée aux pauvres et aux malades, qui corresponde aux béguinages du nord. Des monastères de Clarisses se fondent aussi et bientôt se

Clarisses en prière. Psautier, milieu du XIIIe siècle.

multiplient. Agnès, fille du roi de Bohême, fondera celui de Prague.

Ces résultats sont peu, cependant, auprès de ceux que, dans le même temps, vont obtenir en Allemagne les Frères Prêcheurs.

Mechtilde de Magdebourg (1207-1282), première mystique qui rédige en allemand, mène à partir de 1230 et pendant quarante ans, la vie des béguines, toute de prière et de charité, sous la direction des Dominicains : elle nomme saint Dominique « mon bien-aimé Père ». En elle se rencontrent les tendances anciennes et celles de l'âge nouveau. Visionnaire, elle aussi. Nous avons d'elle des pages d'une rare beauté sur le ciel, l'enfer et le purgatoire, très loin pourtant du ton prophétique de Hildegarde. Elle présente son œuvre comme une confession inspirée par l'Esprit. Aucune théorie dans son livre, *La Lumière de la divinité*, seulement les effusions d'une âme qui trouve pour s'exprimer les accents d'un grand poète. Comme l'épouse du *Cantique*, elle est partie à la recherche de l'Époux. Elle chante sa joie de la rencontre et sa tristesse lorsqu'il la quitte pour qu'elle le cherche encore : « Je voudrais mourir d'amour si je le pouvais, car Celui que j'aime, je l'ai vu de mes yeux illuminés qui se tenait dans mon âme...

Seigneur, attirez-moi à vous, alors je serai pure et limpide, mais si vous m'abandonnez à moi-même, je resterai dans l'appesantissement et les ténèbres. »

Après avoir pénétré dans les arcanes de la divinité, cette âme, pourtant si favorisée de grâces, connaît les tristesses de la nature humaine commune. Elle redevient « poussière et cendre telle qu'elle était auparavant », enseignant ainsi que les plus hautes grâces mystiques demeurent amissibles et ne permettent pas de s'élever sans retour au-dessus de l'humble condition chrétienne.

En 1270, vieille et malade, presque aveugle, elle part pour le cloître cistercien de Helfta où elle demeure jusqu'à sa mort.

La Vierge et saint Jean, protecteurs des moniales.
Hortus deliciarum, *de l'Abbesse Herrade de Landsberg, Alsace, seconde moitié du XIIe siècle.*

Assez peu connue en chrétienté, sans auréole, elle a pourtant marqué de son influence les livres des deux saintes en qui rayonne Helfta : *Le Livre de la grâce spéciale*, de sainte Mechtilde de Hackeborn (1241-1299) et *Le Héraut de l'Amour divin*, de sainte Gertrude la Grande (1256-1302), l'un et l'autre rédigés en latin. Génies religieux, elles aussi, et grandes âmes, plus délicatement féminines, plus tendres, que l'ardente Mechtilde de Magdebourg. Avec le sermon 61 de saint Bernard sur le *Cantique des cantiques* et un autre sermon du bienheureux Garric, son disciple, les livres des trois grandes mystiques allemandes sont à l'origine de la dévotion au cœur de Jésus, organe ou tout au moins symbole de l'amour du Christ pour les hommes.

Comme chez saint Bernard, comme chez François et Claire d'Assise, la mystique des deux Mechtilde et de sainte Gertrude est tout imprégnée d'émotion et de tendresse. Bien qu'elles se rattachent au passé par l'Ordre auquel elles appartiennent, le souffle des temps nouveaux traverse leur œuvre. Sainte Gertrude connaît aussi le serviteur de Dieu Dominique, qu'elle nomme avec louange.

Saint Dominique. (Fra Angelico.)

Dominique va devenir plus directement le saint d'élection de milliers de religieux et surtout de religieuses.

Des communautés mi-monastiques mi-séculières déjà créées veulent se mettre sous la direction des Frères Prêcheurs. D'autres, appartenant aux anciens Ordres, aspirent à passer sous la règle dominicaine. Comme naguère

Prémontrés et Cisterciens, les Frères Prêcheurs ont tenté de se dérober à la direction des moniales qui représente pour eux une lourde charge et leur paraît incompatible avec les études. Le chapitre général de Paris, en 1228, interdit aux Frères d'admettre d'autres monastères dans l'Ordre ou de recevoir les vœux des moniales. Défense renouvelée en 1242. Mais ces femmes veulent bien ce qu'elles veulent. Une si forte poussée fait tomber peu à peu les obstacles. Dès 1257, les interdictions sont pratiquement abrogées. La bulle de Clément IV, en 1267, charge officiellement les Prêcheurs d'assumer la direction des moniales.

Alors qu'en Italie et dans les pays de langue romane les cloîtres d'obédience franciscaine prédominent, l'Allemagne voit se multiplier surtout les monastères de Dominicaines. Il en surgit partout, dans la région du Rhin, en Franconie, en Bavière, en Suisse. En 1277, l'Allemagne possède quarante monastères de Dominicaines contre dix-huit au total dans les autres provinces de l'Ordre. En 1287, on en dénombre soixante-dix. En 1303, la province d'Allemagne ayant été divisée en Saxonia et Teutonia, Saxonia a neuf monastères féminins contre soixante-cinq en Teutonia qui comprend les régions du Rhin et du sud. Vers cette même date, Strasbourg compte sept monastères de Dominicaines. Beaucoup de ces maisons abritent de quatre-vingts à cent religieuses, quelquefois davantage.

Peut-être cette recrudescence est-elle due aussi au redoublement des malheurs publics de toute sorte. Aucune période du moyen âge, aucune province, n'a été plus éprouvée que la fin du XIIIe siècle et le douloureux XIVe siècle allemand pleins de troubles, de dissensions et où se multiplient les fléaux.

Certaines de ces moniales ont abandonné le monde avant d'avoir dépassé l'enfance, accompagnant parfois leur mère, d'autres au seuil de l'adolescence ou pendant leur veuvage. Quelques-unes même se séparent volontairement de leur époux qui embrasse, lui aussi, la vie religieuse.

Leur formation, commencée dans le siècle, s'achève au cloître par la méditation, l'étude et les instructions des directeurs spirituels. Elle est telle que, vers 1289-90, le provincial d'Allemagne, Hermann de Minden, recommande de choisir de doctes frères pour la prédication dans les couvents de Dominicaines, comme il convient à la culture de ces moniales.

Tel est le milieu spirituel où va se situer Maître Eckhart.

Maître Eckhart
Sa vie et son temps

Jusqu'au drame qui assombrit les dernières années de Maître Eckhart, les quelques faits arrachés à grand-peine aux documents, les quelques dates que l'on possède, tiennent dans le creux de la main.

Il naquit vers 1260 dans un des deux villages de Thuringe nommés Hochheim, sans que l'on puisse préciser lequel — cette Thuringe que sainte Élisabeth, épouse du landgrave Louis IV, avait comblée de sa charité au premier quart du siècle.

1260. Les rêves apocalyptiques de l'abbé calabrais Joachim de Flore, vers la fin du siècle dernier, ont assigné une importance capitale à cette date. Beaucoup plus que celle du légendaire an mil, son approche bouleverse de larges cercles d'initiés. Des visionnaires se lèvent en Provence, prêchant la pénitence, tandis que des processions de flagellants parcourent l'Italie, le sud de l'Allemagne, la Bohême.

L'empereur Frédéric II Staufen, « le rusé renard », qui, tout au long de son règne, abreuva les papes d'amertume, est mort en 1250. Son bâtard Manfred prétend lui succéder. Alexandre IV, douloureusement régnant, s'y étant opposé, il l'a chassé de Rome. Quand, impuissant à remédier aux troubles de l'Église, le pape succombera au chagrin en 1261, même son successeur Urbain IV ne pourra pas rentrer dans sa ville. En France seulement, Louis IX, pieux, juste et sage, présente à la chrétienté le modèle des rois.

Vue de Cologne avec la cathédrale inachevée, 1499.

L'ancien couvent des Dominicains d'Erfurt.

Les Constitutions dominicaines n'autorisent pas l'entrée dans l'Ordre avant l'âge de quinze ans, à moins de spéciale dispense. Les textes permettent seulement de dire qu'Eckhart de Hochheim entra jeune au couvent d'Erfurt, proche de son lieu natal.

Dès son aurore, l'Ordre dominicain a reçu de l'Allemagne des recrues de choix. Quand le saint fondateur est mort en 1221, c'est Jourdain de Saxe que le chapitre général appela pour lui succéder. Le fils d'un seigneur souabe, Albert de Lauingen, que la postérité nommera saint Albert le Grand, a donné à l'Ordre un singulier prestige par l'éclat de son enseignement à Paris et à Cologne, et ce n'est pas un de ses moindres mérites que d'avoir formé un disciple qui rayonnera d'une gloire plus grande encore : l'Italien Thomas d'Aquin.

Qui dit prêcheur dit enseignant, donc instruit et sûr en sa doctrine. *Ordo doctorum.* Si le novice n'apporte pas avec lui la connaissance du latin, de la logique et de la rhétorique, on les lui enseignera d'abord.

Un an de noviciat. Deux ans d'application au *divinum officium* et à l'étude des Constitutions de l'Ordre, puis cinq années de philosophie suivies de trois années de théologie : un an pour le cours de Bible, deux ans pour les *Sentences* de Pierre Lombard, manuel de théologie dont tous les maîtres donnent un commentaire à leurs élèves.

Quand ils ont accompli ce cycle, les jeunes Dominicains remarqués pour leur piété et leur intelligence sont envoyés au *studium generale* de leur Province, afin d'approfondir leur science des Écritures et de la théologie.

L'Église des Frères Prêcheurs d'Erfurt.

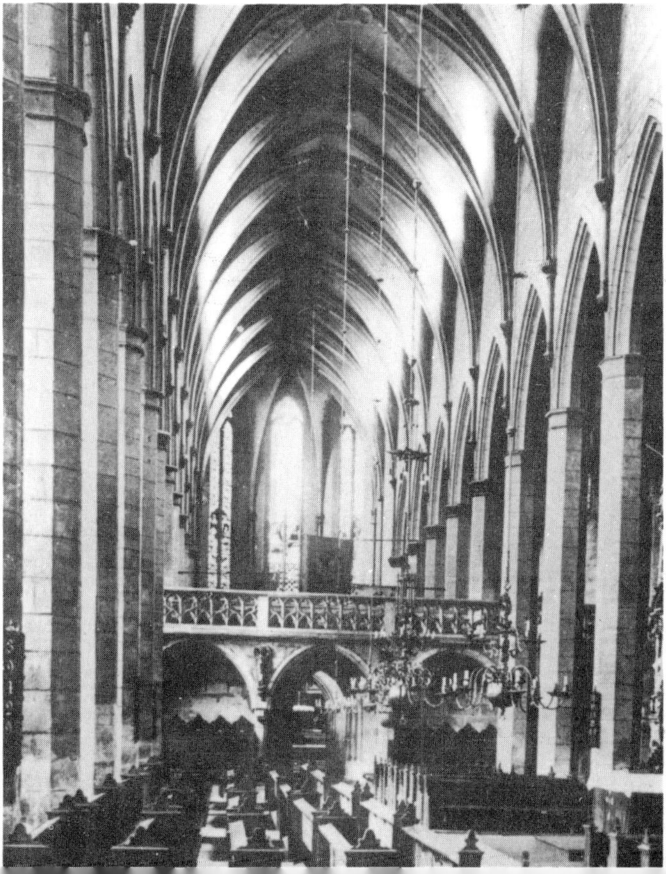

Le *studium generale* de Cologne, dont dépend Erfurt, n'a pas été fondé par un personnage moindre que Maître Albert lui-même, en 1248. Après une existence toute remplie par l'enseignement et l'étude, c'est aussi dans cette ville que le vieux maître est venu passer les dernières années de sa vie, c'est là qu'il est mort le 15 novembre 1280. Le jeune Eckhart de Hochheim est envoyé dans la capitale rhénane vraisemblablement au cours de la décade qui suit.

La ville romaine d'Agrippine est devenue ville libre, soumise directement à l'empereur. Son archevêque est un des sept princes électeurs.

Dans la ceinture solide de ses remparts, c'est aussi la ville où les pèlerins viennent en foule vénérer les reliques des rois mages. Cologne la pieuse, Cologne aux cent églises. La cathédrale du maître d'œuvre Gérard, dont l'archevêque Conrad de Hochstaden a posé la première pierre le 15 août 1248, attend son achèvement.

Dans tous ces sanctuaires, le jeune Eckhart a prié et sans doute avec plus de ferveur encore dans l'église neuve des Frères Prêcheurs que Maître Albert a fait édifier, où il repose.

Vue de Cologne, 1499.

Chœur de la cathédrale de Cologne, consacré en 1322 par l'archevêque Henri de Virneburg.

Nous ne savons plus rien de lui jusqu'à la mention qui le désigne comme prieur d'Erfurt et vicaire général de Thuringe, preuve de l'estime en laquelle le tiennent ses frères et ses supérieurs. Il a nécessairement assumé ces charges avant 1298, le chapitre général de cette même année en ayant interdit le cumul.

Un peu plus tard, en 1302, il nous est présenté avec le titre de Maître en sacrée théologie.

Au tournant du siècle, il a donc été envoyé à Paris, premier centre intellectuel de chrétienté. Même Oxford et Bologne, pourtant déjà célèbres, ne sauraient rivaliser avec lui. Rome a le pape, l'Allemagne l'Empire. Dans l'héritage de Charlemagne, la France n'est pas moins bien partagée, possédant cette autre souveraineté.

Eckhart de Hochheim traverse à pied les campagnes françaises, vallée de la Marne ou vallée de la Seine, pour gagner par étapes, de couvent en couvent, la capitale de toutes les sciences.

En 1297, le roi Louis IX a été inscrit au catalogue des saints. Après Philippe III, c'est Philippe IV qui maintenant règne. Il ne ressemble pas à son pieux grand-père. Une fois de plus, un conflit entre le pape et un prince rebelle déchire la chrétienté. Boniface VIII a déjà fulminé contre Philippe deux terribles bulles. En l'an 1300, qui est celui du grand Jubilé, un certain calme est revenu, gros de futurs orages.

Pour entrer dans Paris, Eckhart de Hochheim suit la rive droite de la Seine. Il franchit l'enceinte de Philippe-Auguste par une porte du nord ou de l'est. A l'intérieur des remparts, qui renferment encore des prés et des vignes, il aperçoit

Plan dit de Truschet et Hoyau, du milieu du XVIe siècle, mais permettant de se représenter Paris au moyen âge.

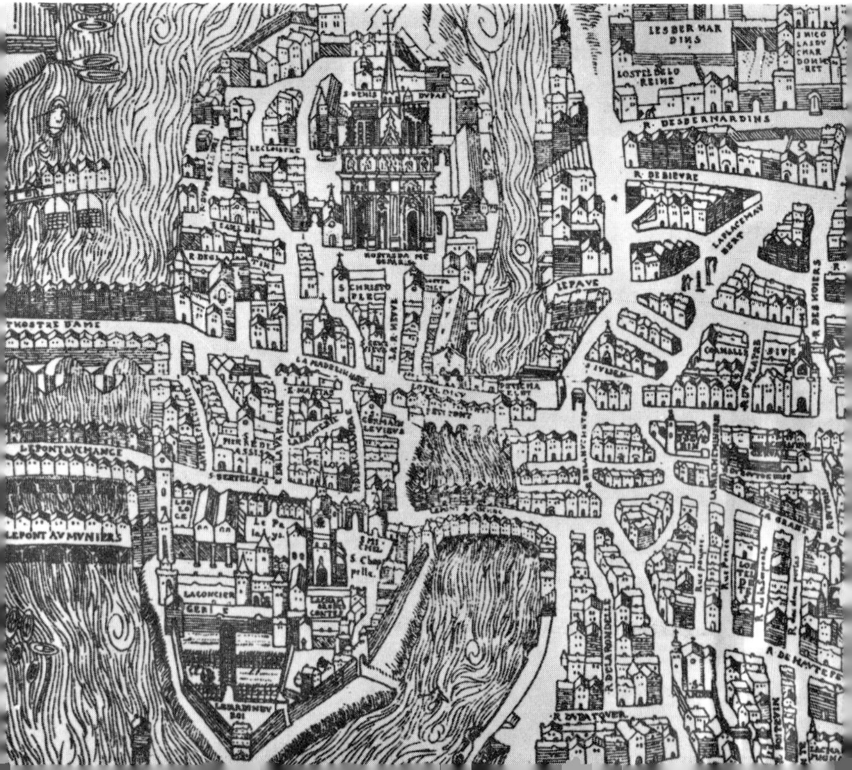

comme à Cologne, bien plus même qu'à Cologne, d'innombrables églises et leurs flèches sur le ciel. Parvenu dans les quartiers commerçants, il ne prête guère attention à la foule animée des rues étroites, il entend à peine les marchands ambulants alerter leur clientèle en une langue qu'il comprend mal. Que lui importe la Ville ? Franchie la Seine par le Grand-Pont, il aperçoit à sa droite la chapelle que le saint roi Louis a fait bâtir comme reliquaire à la couronne d'épines et dont on dit merveilles. A gauche, Notre-Dame dresse ses tours blanches. Le Petit-Pont le conduit sur la rive gauche, domaine de l'Université. Les maîtres qui donnent l'enseignement et les étudiants qui le reçoivent vivent ici groupés. Par cette « grant rue saint Jacques » passent les pèlerins en route vers Compostelle et Jérusalem. A quoi bon s'en aller si loin ? C'est en toi-même que tu trouveras le Seigneur.

Les Dominicains sont arrivés à Paris en septembre 1217, un an à peine après la reconnaissance officielle de l'Ordre par le pape. Ils ont d'abord occupé une petite maison à l'ombre de l'évêché, à côté de l'Hôtel-Dieu. Dès 1218, ils se sont installés près de la porte Saint-Jacques, au sud de Paris, où ils résident encore lors du séjour d'Eckhart. Leur nombre augmentant sans cesse, ils ont fait construire une vaste église à deux nefs, comme celle de Toulouse où fut leur premier établissement. Saint Dominique a franchi le seuil de ce couvent lors de sa visite en 1219. Albert le Grand et Thomas d'Aquin ont séjourné là au temps des grandes luttes doctrinales.

Couvent des Dominicains, dits Jacobins de la rue Saint-Jacques, tel qu'on pouvait le voir encore au XVIIIe siècle.

La théologie traditionnelle s'inspirait alors du néoplatonisme et de saint Augustin, mais Aristote pénétrait peu à peu en occident. Déjà au XIIe siècle, Abélard avait provoqué de graves remous en appliquant sa dialectique aux questions dogmatiques elles-mêmes. Les œuvres des philosophes arabes, surtout Avicenne (980-1036) et Averroës (1126-1198), et celles des philosophes juifs, leurs disciples — Maïmonide (1135-1204), avec son *Guide des indécis*, étant le plus écouté — donnèrent d'Aristote une meilleure connaissance, grâce aux traductions latines de leurs œuvres faites en Espagne au début du XIIIe siècle. Eux-mêmes ou leurs traducteurs inclinaient volontiers la pensée aristotélicienne dans le sens du néoplatonisme. On attribuait même à Aristote certains ouvrages comme le *Liber de causis*, inspiré de Proclus. Les grands scolastiques et Maître Eckhart, dans ses écrits latins, citeront souvent tous ces auteurs.

Au cours du XIIIe siècle, la pensée d'Aristote fut révélée plus directement que par l'intermédiaire des interprètes arabes et juifs. Sur les instances du pape Urbain IV et de Thomas d'Aquin, le Dominicain Guillaume de Moerbeke traduisit vers 1260-1285 de nombreux traités

La dialectique et Aristote.
Portail royal de Chartres, XIIe siècle.

Saint Albert le Grand et ses disciples.
(École de Fra Angelico.)

à Rome pour plaider la cause de leurs frères. Le livre de Guillaume de Saint-Amour est condamné. Un peu de répit, puis les difficultés redoublent.

Ainsi attaqué, Thomas d'Aquin doit encore se défendre d'un autre côté contre ceux qui, ayant comme chef de file Siger de Brabant, basent leur enseignement sur la doctrine d'Averroës, ne reconnaissent qu'Aristote pour maître, et risquent ainsi d'opérer un divorce absolu entre la raison et la foi.

Thomas d'Aquin a réfuté victorieusement ces erreurs. N'empêche que les tenants de l'augustinisme ont voulu faire englober dans une même condamnation l'aristotélisme modéré de saint Thomas et l'aristotélisme extrême de Siger. Si les choses sensibles sont à l'origine de la connaissance — ainsi argumentent-ils — que devient chez les thomistes l'illumination intérieure par laquelle, selon le néoplatonisme et saint Augustin, l'âme reçoit directement l'intuition de Dieu ?

Franciscains et Dominicains s'étaient donné la main pour se défendre contre les attaques des séculiers, mais ils se divisent sur ces importantes questions de doctrine. Jean Peckham, régent de l'école franciscaine de Paris, est à la tête des conservateurs. A partir de 1270, les controverses se multiplient. Le pape Jean XXI prescrit une enquête. Avant même que les résultats en soient connus, Étienne Tempier, évêque de Paris, condamne le 7 mars 1277 deux cent dix-neuf thèses aristotéliciennes parmi lesquelles il englobe quelques propositions thomistes.

Saint Thomas d'Aquin et ses disciples.
(École de Fra Angelico.)

L'Université pensait ainsi défendre la tradition contre les innovations qu'elle jugeait dangereuses. Il va sans dire que des rivalités personnelles ne restèrent pas étrangères à ces controverses doctrinales, prélude à ce qui se passera pour Maître Eckhart.

Malgré ces ombres, l'enseignement des grands maîtres a jeté un tel éclat sur l'Université que le nombre des étudiants s'est encore accru. Les collèges se sont multipliés autour de la Montagne Sainte-Geneviève et sur toute la rive gauche pour les accueillir. Après celui qu'a fondé Robert de Sorbon en 1257, après ceux des Bons-Enfants pour les étudiants pauvres, des Bernardins, des Cordeliers, des Carmes, voici ceux des Augustins sur les bords de la Seine, des Prémontrés, de Cluny, du Trésorier, d'Harcourt, du Cardinal Lemoine, bien d'autres encore, qui portent le nom de leur Ordre ou du généreux fondateur. Peu importe ici la nationalité du professeur et de l'élève. Venus des pays de langue d'oc ou d'Italie, d'Allemagne ou d'Angleterre, tous entendent le latin, langue universelle de l'Église, langue des Universités.

Quand Eckhart arrive à Paris, les maîtres les plus illustres sont morts, Thomas d'Aquin et Bonaventure en 1274, avant même le vieux Maître Albert. Moins originaux, les disciples gardent assez de vigueur d'esprit pour penser à leur tour les grands problèmes et maintenir au mouvement intellectuel son intensité.

Forte de la condamnation de 1277, l'école franciscaine mène une nouvelle offensive. Des théologiens appartenant à d'autres Ordres, ou séculiers comme Henri de Gand, qui occupe une chaire de théologie de 1276 à 1292, sont fortement marqués par l'augustinisme. A l'Université d'Oxford plus encore qu'à celle de Paris — qui d'ailleurs échangent souvent leurs maîtres et leurs étudiants — l'augustinisme connaît de nouvelles victoires avec l'enseignement de Duns Scot dont les échos arrivent jusqu'ici.

Dans l'ordre dominicain, le thomisme prend une glorieuse revanche. Dès 1278, le chapitre de Montpellier, et celui de Paris en 1279, chargent d'enquêter sur les Dominicains qui ont parlé avec irrévérence de Frère Thomas et de punir les détracteurs. Les chapitres généraux de 1309 et de 1313 imposent de se conformer à sa doctrine. Le thomisme marque de son empreinte quelques-uns des maîtres les plus fameux de l'Université parisienne au dernier quart du siècle : Gilles de Rome, Godefroy de Fontaines, Pierre d'Auvergne, qui tous trois vivent encore lorsque Maître Eckhart arrive en France.

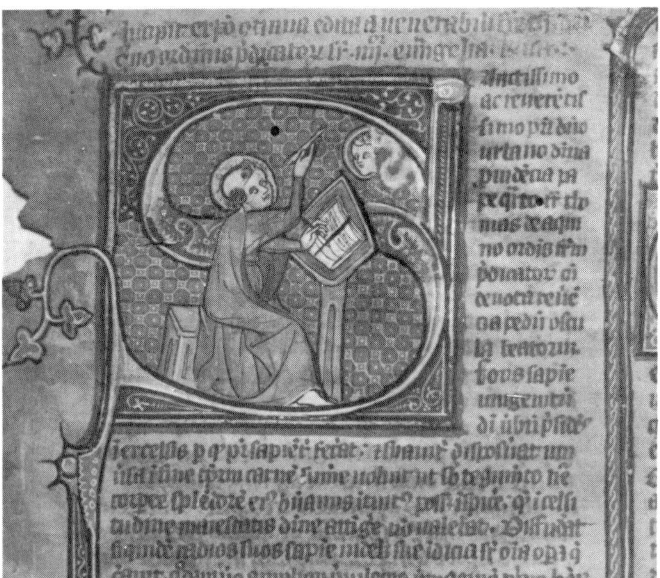

Début du commentaire de saint Thomas sur les Évangiles. Manuscrit de la Sorbonne, début du XIVe siècle.

On parle aussi d'un homme un peu étrange qui a été plusieurs fois l'hôte de Paris à la fin du siècle dernier, intrépide voyageur et non moins infatigable écrivain, bon connaisseur des philosophes arabes, flairant partout l'averroïsme à combattre, tertiaire franciscain enflammé d'amour pour le Christ comme François d'Assise : le majorquin Raymond Lulle, théologien, apôtre, missionnaire et mystique. D'après les dates de son séjour à Paris, Maître Eckhart a pu le rencontrer.

Ainsi, après avoir passé les premières décennies de sa vie dans le climat mystique qui règne en Allemagne, Maître Eckhart, maintenant âgé d'une quarantaine d'années, se trouve plongé dans le milieu intellectuel le plus vivant de chrétienté, au croisement même de ses grands courants. Il connaît toutes ces doctrines, les brasse, les assimile plus ou moins à sa propre pensée.

*Thomas d'Arras, accompagné de Raymond Lulle, présente à la reine de France un résumé de la doctrine lullienne. Manuscrit du début du XIV*e *siècle.*

Scènes de la vie des étudiants.
Portail sud de Notre-Dame de Paris, XIIIe siècle.

D'après les statuts de l'Université, les « bacheliers » en théologie doivent d'abord expliquer la Sainte Écriture pendant un an ou deux, puis les sentences de Pierre Lombard pendant un an. Durant quatre ans encore, ils participent aux diverses activités de la faculté et seulement ensuite ils obtiennent le titre de « Maître ». Ces années peuvent être abrégées par une décision du pape ou de la faculté. Tel est le cas pour les religieux qui ont déjà enseigné longtemps dans leur couvent. Tel est, par conséquent, le cas pour Eckhart.

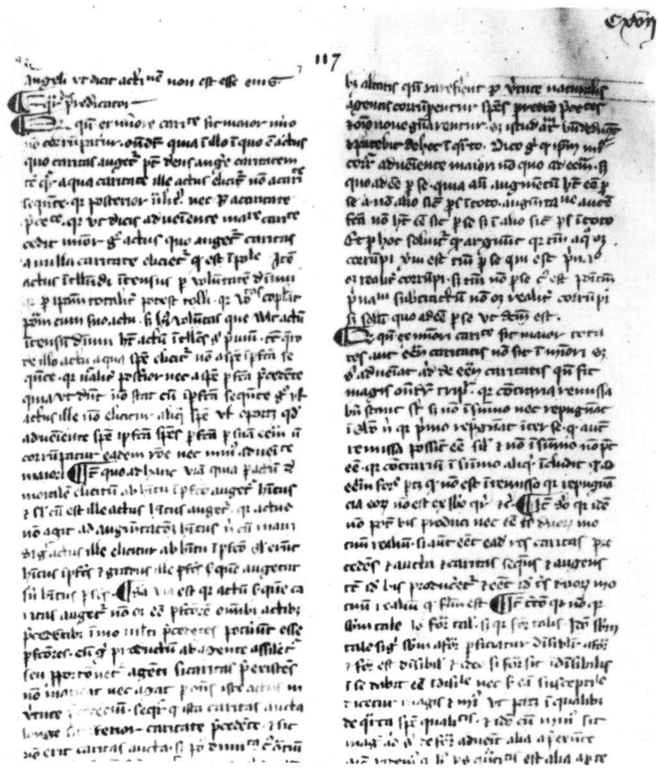

Texte des « questions disputées » de Maître Eckhart.
On lit à la seconde ligne en haut, à gauche : Equardus predicator.
(Manuscrit d'Avignon, début du XIVe siècle.)

La méthode d'enseignement universitaire comporte, outre les leçons, les « disputes », équivalent dans l'ordre intellectuel des tournois pour les chevaliers. Le défenseur et l'adversaire se battent à coups d'arguments. Le professeur qui préside tire les conclusions. *Quæstiones disputatæ.* Les bibliothèques des écoles et des monastères en possèdent en grand nombre. Au cours de ce séjour parisien, Eckhart soutient une telle « dispute » avec le Maître général des Franciscains, Gonzalve de Vallebona. Lorsqu'il quitte l'Université, il a obtenu le titre qu'il portera désormais : Maître Eckhart.

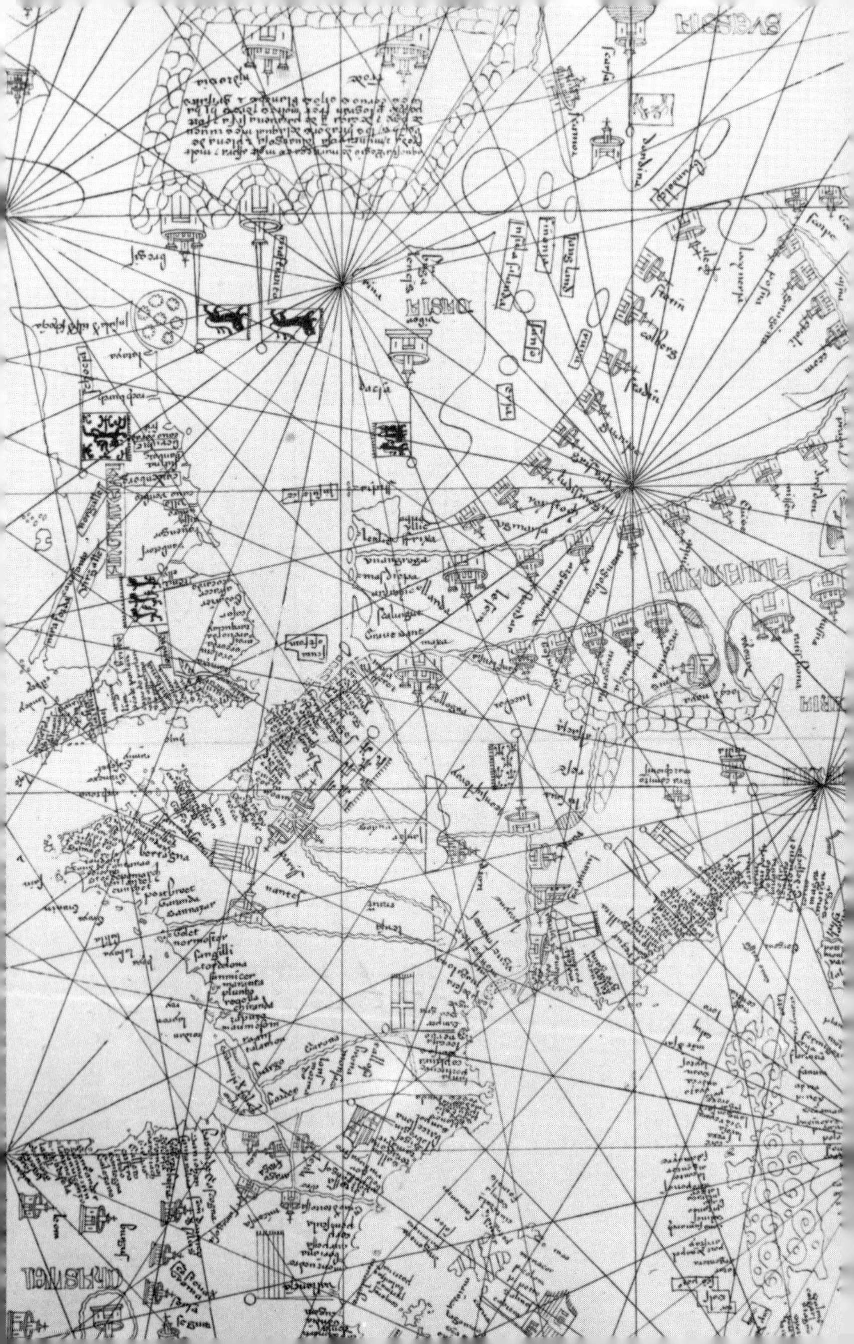

bertagna
dacia

Ce départ a lieu en 1303. A la Pentecôte de 1303, le chapitre général de Besançon a résolu de séparer la grande province dominicaine d'Allemagne en Saxonia et Teutonia. Le couvent d'Erfurt appartient à la première. Maître Eckhart est élu provincial de Saxe. En 1307, on le nomme de surcroît vicaire général pour la Bohême.

Le voici donc à la tête d'une immense province qui va des Pays-Bas au lointain nord allemand et jusqu'à la région de Prague, régissant quelque cinquante monastères de frères et neuf monastères de religieuses. Il la parcourt en tous sens comme le veut sa charge, à pied, naturellement : des lieues et des lieues. Et même s'il se voit obligé, comme plus tard son disciple Suso, de patauger avec de gros souliers, les vêtements retroussés, à travers les roseaux des terres marécageuses, la route ne lui paraît pas longue qu'il parcourt avec Dieu, méditant sur ce qu'il va dire pour la plus grande édification de ses filles et ses fils spirituels.

C'est au cours de cette période qu'il rédige son *Livre de la consolation divine.*

Ses écrits, ses sermons surtout, ont rendu Maître Eckhart célèbre, mais il faut admettre que, si absorbé par les mystères de Dieu que soit son esprit, il fait preuve de valables qualités d'administrateur puisque la province du sud décide encore de le mettre à sa tête. Cependant, le chapitre général de Naples, en 1311, ne ratifie pas ce choix : il a d'autres vues sur Maître Eckhart qui est de nouveau envoyé à Paris pour reprendre sa chaire de théologie à l'Université. Depuis son précédent séjour, Duns Scot est venu y enseigner de 1305 à 1308, avant d'aller mourir à Cologne à la fin de cette même année. L'Ordre dominicain compte sur Eckhart, sur la vigueur et la subtilité de sa propre logique, pour répondre aux disciples du Docteur subtil.

Nous ignorons la durée de ce séjour parisien, assez court toutefois, car, dès 1314, voici de nouveau Eckhart à Strasbourg. Un peu plus tard, à une date incertaine, il va enseigner au *studium generale* de Cologne, naguère illustré par Albert le Grand et Thomas d'Aquin.

Les futurs religieux ont-ils gardé leur ancienne ferveur ? Henri Suso, qui fut l'élève d'Eckhart à Cologne, nous avoue qu'il n'éprouve que dégoût pour ceux qui s'adonnent aux arts et aux sciences. Si nous l'en croyons, même chez les étudiants en théologie, l'éloquence se tourne facilement

Atlas en langue catalane datant de 1375.

en fiel. Pleins de superbe, ils ne visent qu'aux honneurs et aux biens terrestres. Ce n'est pas la sainteté de leur vie qui inspire leur doctrine, mais la prétention et la jactance. Beaucoup pensent d'abord à emplir leur bourse. Rares sont les hommes d'étude qui s'appliquent à la contemplation des choses d'en haut. Maître Eckhart, que Suso admire tant, compte évidemment parmi ceux-là.

On voit que le doux Suso ne se montre pas indulgent pour son milieu. A-t-il tout à fait raison ? ou faut-il voir seulement dans ses paroles l'exagération d'une âme zélée ?

Si, dépassant le milieu studieux de Cologne, les regards se dirigent plus loin, le tableau qui s'offre à eux ne les réjouit pas davantage.

En 1314, le duc Louis de Bavière s'est fait élire et couronner roi d'Allemagne contre Frédéric d'Autriche qui maintient ses prétentions au trône. L'Allemagne est une fois de plus divisée par la guerre intérieure, déchirée par de longues hostilités. En 1322, Frédéric est définitivement battu et fait prisonnier à Mühldorf. Loin de chercher l'apai-

Ancienne pierre tombale de l'empereur Louis de Bavière, XVᵉ siècle.

sement des esprits, Louis ne pense qu'à satisfaire ses ambitions. Il réclame les droits de l'Empire en Italie, objet depuis longtemps de si âpres querelles. Mais tout exilée qu'elle est à Avignon, la papauté demeure vigilante en la personne de Jean XXII, un Français instruit, énergique et bon administrateur. N'accède à l'Empire que le roi choisi par le pape pour être son défenseur. Il appartient donc à celui-ci de décider en cas de double élection. Jean XXII invite Louis de Bavière à se présenter devant lui et à déposer la couronne. Louis réplique en convoquant un concile général. Le pape répond par l'excommunication (1324). Louis l'accuse d'hérésie et demande sa déposition. Le bruit court que Jean XXII a l'intention de faire élever à l'Empire le roi de France Charles IV. Louis se rapproche alors de son ancien adversaire Frédéric d'Autriche, se rend en Italie où il se fait couronner empereur au nom du peuple par Scierra Colonna et il oppose à Jean XXII un antipape (18 avril 1328). Deux rois hier, deux papes aujourd'hui. Voici une fois de plus déchirée la robe sans couture.

Le Christ, maître suprême du pouvoir spirituel et du pouvoir temporel. Manuscrit de la seconde moitié du XIVe siècle.

Telle est la conjoncture historique dans laquelle se déroulent l'âge mûr de Maître Eckhart et sa vieillesse. Il a connu tous ces événements qui développeront leurs funestes conséquences longtemps encore après sa mort, et ils ont trop affecté ses contemporains pour qu'il n'en ait pas souffert. L'insistance même qu'il met à montrer aux âmes le seul bien désirable n'est-elle pas provoquée par la misère matérielle et morale du siècle ? le monde a-t-il jamais mieux mérité de s'appeler « terre d'exil », « vallée de larmes » ?

Mais plus encore depuis son dernier voyage à Paris, Maître Eckhart disparaît derrière son œuvre. Seul Suso nous apporte quelques reflets de lui. Aucune anecdote ne le situe pour nous dans la vie publique ou privée. L'histoire de Sœur Catherine apparaît comme un faux flagrant et, qui pis est, trahit sa pensée et son caractère. Les quelques « légendes » que les manuscrits ont consignées ne sont que des prétextes à propos édifiants, sans aucune marque d'authenticité.

Il rentrera en pleine lumière à partir de 1326, hélas! et il mourra entre juillet 1327 et le début de 1328, à Cologne peut-être, voire en quelque étape de la route qui le reconduisait d'Avignon à sa Province d'Allemagne. Le lieu est incertain et la date presque aussi imprécise que celle de sa naissance [1].

1. Cf. note pp. 186-187.

Christ du XIIe siècle provenant de l'ancienne cathédrale de Cologne.

L'œuvre

Maître Eckhart a laissé une œuvre latine et une œuvre allemande. Pendant longtemps, les modernes n'ont connu de l'œuvre latine que les textes fragmentaires publiés par le Père Denifle en 1886. Malgré une exploration méthodique des bibliothèques de l'Allemagne du centre et du sud, on n'a découvert que peu de manuscrits contenant cette œuvre. Les plus importants se trouvent à Erfurt, Trèves, Berlin et Cues. Le manuscrit de cette dernière bibliothèque est dû aux soins du cardinal Nicolas de Cues qui le fit établir pour son usage personnel et l'enrichit de notes marginales. En outre, divers manuscrits à Avignon, à Soest et à la Bibliothèque vaticane, contiennent quelques textes d'Eckhart ou des pièces du procès.

Deux éditions furent commencées entre les deux guerres mondiales. L'une, sous les auspices de l'Institut Sainte-Sabine de Rome, consacrée à l'œuvre latine, s'est arrêtée après la publication de trois volumes. L'autre, entreprise par la Société allemande de recherches, publie parallèlement l'œuvre allemande et l'œuvre latine avec la collaboration des meilleurs spécialistes. De l'œuvre latine, elle a publié déjà ce qui reste des séjours d'Eckhart à l'Université de Paris : l'introduction au commentaire des sentences, quelques « questions disputées », un sermon sur saint Augustin et une partie d'un traité sur le *Pater*. Successivement, elle a donné aussi les divers prologues à l'*Opus tripartitum*, le commentaire I et une partie du commentaire II sur la Genèse, une partie du commentaire sur l'Exode, plus de soixante sermons ou plans de sermons. La publication du commentaire sur l'évangile de saint Jean est aussi très avancée. Interrompus par les événements, les érudits qui se vouent à ce vaste labeur ont pu maintenant le reprendre. En outre, le Père Théry, O. P., a publié, avec plus d'esprit critique que ne l'avait fait précédemment A. Daniels (1923), les actes du procès de Cologne (1926), puis le commentaire sur le Livre de la Sagesse (1928-30). Le procès verbal d'Avignon ayant été également retrouvé et publié par le P. Pelster (1935), on dispose maintenant de nombreux éléments pour étudier la pensée d'Eckhart. L'œuvre latine a une grande importance parce qu'elle représente la base doctrinale, méthodiquement exposée, des sermons et des traités allemands. Alors que des interprétations trop souvent fantaisistes ont été données de ceux-ci, on peut désormais demander à Maître Eckhart d'expliquer lui-même sa pensée.

En même temps qu'il enseigne et qu'il prêche, Eckhart travaille à sa grande œuvre : *Opus tripartitum*. Nous en ignorons la date, mais sans doute l'a-t-il entreprise après son retour en Allemagne, vers 1314, car c'est là l'œuvre d'un homme parvenu à la maturité qui ordonne ses connais-

sances. Eckhart a l'intention d'y exposer toute sa doctrine en s'appuyant sur la triple autorité de la Bible, de « Frère Thomas » et de la raison.

Le professeur a voulu répondre au désir de ses élèves qui souhaitaient retrouver ce qu'ils ont entendu dans ses cours, sermons et autres exercices d'école, explique le prologue général. Son œuvre contiendra donc des interprétations de nombreux textes des deux Testaments, *surtout celles qu'ils ne se souviennent pas d'avoir lues ou entendues, parce que le nouveau et l'inaccoutumé exercent sur l'esprit plus de charme que les interprétations habituelles, même meilleures et plus importantes.*

Eckhart a donc conscience de s'éloigner des chemins battus, sans se faire, on le voit, un titre de gloire de son originalité. Il n'ignore pas que, parmi ses *propositions, questions et expositions,* certaines peuvent, à première vue, paraître « *monstrueuses, douteuses ou fausses* », mais il déclare aussi qu'on en jugera tout autrement si on les examine avec soin, l'Écriture, un saint ou un maître célèbre les confirmant de son témoignage.

Il ne reste de la première partie, *Opus propositionum*, que le plan et l'exemple d'un développement dont le choix est déjà assez caractéristique : « Esse est Deus. » Le modèle était ici l'*Institutio theologica* de Proclus que Guillaume de Moerbecke avait traduite en 1268. L'*Opus propositionum* devait comprendre plus de mille propositions divisées en quatorze traités. *Et*, dit Eckhart, *parce que les contraires ressortent davantage quand on les oppose et qu'ils sont l'objet d'un seul et même savoir, chacun comprend deux parties.* Soit la thèse et l'antithèse. Les titres de ces traités sont pleins de promesses: être et non être, unité et multiple, vrai et faux, bien et mal, charité et péché, existence et essence, Dieu et néant, substance et accident, etc. Eckhart attachait une grande importance à cette partie qui sert de base, dit-il, à la discussion des questions et à l'exégèse de l'Écriture. Il faut donc regretter tout spécialement cette perte.

Pour l'*Opus quæstionum*, Eckhart avait choisi le même ordre que la Somme de « l'éminent docteur, le vénérable Frère Thomas d'Aquin ». Il traitait quelques questions seulement et apportait des solutions telles qu'elles résultaient de ses cours et des « disputes » à leur propos. L'*Opus quæstionum* n'a pas non plus été retrouvé.

L'*Opus expositionum* se divise en deux parties. Dans la première, Eckhart choisit, parmi les deux Testaments, en suivant leur ordre, les textes qu'il veut développer : ceux qui lui permettent d'exposer avec le plus de force sa doctrine de l'être, des rapports entre Dieu et l'âme, de la grâce. Son modèle, dit-il, a été principalement saint Augustin dans son explication des premiers livres de l'Ancien Testament, le *Livre des quatre-vingt trois questions* et *A Orose.*

Selon l'usage constant, les anciens exégètes dégagent, à côté du sens littéral, un second sens moral, anagogique. Ainsi Eckhart, qui multiplie les explications des textes essentiels pour que le lecteur choisisse tantôt l'une tantôt l'autre, selon ce qui lui paraît utile. Son œuvre foisonne de citations et de rapprochements et, en dépit du cadre rigide des démonstrations scolastiques, on y sent palpiter sa flamme intérieure.

L'auteur ayant exposé dans ses sermons certains textes des deux Testaments avec assez de détails, explique-t-il, il a décidé d'en présenter d'autres et de nommer *Opus sermonum* cette seconde partie de l'*Opus expositionum.*

Ces sermons latins n'étaient évidemment destinés qu'à

Texte latin d'Eckhart sur les rapports du temps et de l'éternité (Commentaire de l'évangile de saint Jean I, 38 : Ubi habitas ?) Manuscrit de Cues, XVe siècle.

et querenti / quare deus mundum non prius creavit
et postea creavit / respondi quod ad hominem quia
deus non potuit mundum prius facere, quia ante mundum et
tempus non fuit prius / Secundo cum queritur ubi deus habita-
vit ante mundum creatum / dicendum est quod deus quod ante
mundum non fuit ante / sicut nec prius nisi falsum
ymaginatum / Tertio, quia spatium non habet ubi.
spatium autem deus est 4o physicorum. ubi notandum quod nec celum primum
corpus est in loco proprie / sed nec mundus ubi est /
quamvis aliquis primo corpori neget locum. sed ubi.
concedat illi / Quarto dicendum est talibus quod extra
deum utpote extra esse non est aliud nec aliquid
quod nec extra esse est nichil est / Quinto questio
nulla est / quia nec in mundo sive extra aliquid
extra ipsum aut preter ipsum est / quomodo nec esse
quippiam preter esse / Sexto / adhuc autem dicendum est
istis quod mundus semper fuit, non nunc fuit tempus in
quo non fuit mundus, sed quando non esset mundus /
Rursus septimo concedi potest quod mundus fuit
ab eterno Et iterum quod deus ipsum prius facere non po-
tuit / creavit nunc mundum in primo nunc eternitatis quo ip-
se deus et esse et deus est, ymaginantur autem isti
et falso quasi aliqua morola vel distantia temporis
et loci intercidat / inter nunc primum et unicum eternitatis
et mundi creationem quod falsum est / et hoc est quod Boetius
de consolatione libro 3o dicit terrarum celique sator qui tempus
ab evo ire iubes / quasi diceret quod deus iubet tempus
descendere immediate ab ipso evo, quod est eternitas ipsa
vel nunc eternitatis ut tempus et eternitas sint quasi
quedam contigua et continua sibimet invicem, ut sicut
semper ab eterno tempus ab evo fluxit sic dies
hodierna ab hesterna fluit continue sine ulla inter-
pellatione qualiter et quiete media secundum 1um physicorum 4o pa

un auditoire restreint de professeurs et d'étudiants. Pour la profondeur de la pensée et la hardiesse des images, ils sont comme l'intermédiaire entre l'œuvre latine d'Eckhart et ses sermons allemands.

Le plan d'Eckhart était donc immense. A-t-il eu vraiment le temps d'écrire tous les commentaires qu'il projetait, en plus grand nombre encore, selon son propre dire, que ceux qui nous sont connus ? Il en reste six : I et II sur la Genèse, sur l'Exode, sur l'Ecclésiastique, (*Sermones et lectiones super Ecclesiastici cap. 24*), sur le Livre de la Sagesse, sur l'évangile de saint Jean. Les éditeurs n'ont pu faire que des hypothèses quant à leur chronologie. Ils pensent pourtant que le commentaire de saint Jean est d'une date plus tardive, en raison de la maturité dont témoigne son extraordinaire richesse.

L'œuvre allemande a été publiée pour la première fois par Franz Pfeiffer en 1857. Elle comprend les *Instructions spirituelles*, des sermons et des traités, ceux-ci beaucoup moins nombreux que ne le pensait Pfeiffer. Les travaux critiques en vue de la grande édition ont permis de tenir pour authentiques les *Instructions spirituelles*, le *Livre de la consolation divine*, *De l'homme noble* qui en est comme le complément, et *Du détachement*, l'authenticité de ce dernier traité n'étant d'ailleurs pas admise par tous les spécialistes. Quant aux sermons, la question est extrêmement délicate. L'œuvre attribuée à Eckhart est contenue dans plus de 200 manuscrits, ce qui prouve sa vaste diffusion. Les éditeurs se heurtent à de très grandes difficultés pour établir le texte. On n'a souvent les sermons que par des transcriptions d'auditeurs. L'authenticité se fonde en partie sur les allusions que fait Maître Eckhart à ses propres sermons, en partie sur les textes cités dans les divers actes d'accusation et dans la défense. Jusqu'à la fin de 1955, la grande édition a publié 25 sermons. Cette même année, Josef Quint, qui connaît le mieux les manuscrits, a publié une traduction en allemand moderne de 59 sermons, sans se prononcer définitivement sur l'authenticité des n°s 24-59 qui n'étaient pas encore publiés dans l'édition des textes originaux.

Les lectures d'Eckhart recouvrent la plus grande partie de la science contemporaine. Étudiant, puis maître dans un Ordre voué à la doctrine, il a si bien nourri sa pensée de

tous les auteurs anciens et modernes qu'il leur fait des emprunts plus ou moins conscients. Il est difficile, par conséquent, de savoir s'il les connaît directement ou par des ouvrages de seconde main. Comme tout le monde universitaire de son temps, il dispose aussi de « manuels » : le *Livre des Sentences* de Pierre Lombard, la *Glose ordinaire* de Walafried Strabon, un compendium de saint Thomas. Mais il arrive souvent aussi qu'il cite ses références, et alors avec beaucoup d'exactitude. Les notes des éditions critiques renvoient sans cesse aux philosophes grecs, arabes et juifs, aux Pères grecs et latins, ses auteurs de prédilection étant saint Augustin, Albert le Grand et saint Thomas.

Le Livre des sentences de Pierre Lombard. Manuscrit du XIIe siècle.

La mystique d'Eckhart

Il ne saurait s'agir d'exposer ici, même sommairement, toute la pensée d'Eckhart, de montrer en quoi sa théologie dépend de saint Thomas, en quoi elle s'en distingue, réalisant une synthèse de l'augustinisme et du thomisme ; fidèle aux méthodes de la scolastique avec ses divisions et ses subdivisions, ses citations scripturaires et ses syllogismes, mais traversée d'un grand souffle mystique. Seule cette mystique nous retiendra ici.

La pensée d'Eckhart a la réputation d'être difficile. Il semble en outre que l'on se soit ingénié à la compliquer par des interprétations inspirées de la gnose, du panthéisme, de l'hégélianisme, de la théosophie — de quelles autres doctrines encore ! — ou, au contraire, en la ramenant par toutes sortes de subtilités à la stricte doctrine thomiste. En hérissant aussi comme à plaisir les exposés qu'on en donne de termes empruntés à l'École ou au langage plus ou moins hermétique de telle ou telle philosophie.

L'explication la seule valable, pourtant, la seule honnête aussi, consiste à essayer de comprendre Maître Eckhart comme il s'est compris lui-même et comme il souhaitait être compris. Aussi grand qu'on le voudra, certes, et dépassant son temps, peut-être, mais enfin un personnage historique, non un mythe, situé dans un milieu donné ; un homme du Moyen Age, voué à Dieu dès sa jeunesse, religieux, Dominicain, honoré par la confiance de ses frères, dignitaire de son Ordre, professeur d'Université, théologien. Il dit la messe, il reçoit et il dispense les sacrements. Ce serait donc un truisme d'affirmer qu'il adhère d'abord au Christ, à l'Évangile, à l'Église, à tout le *Credo* catholique, si certains ne s'étaient appliqués à minimiser cette foi, voire à la contester.

Pour étudier la pensée d'Eckhart, il convient de considérer non seulement son œuvre allemande, mais aussi ses textes latins. Selon ses propres dires, ces derniers forment le corps de sa doctrine, alors qu'il a récusé l'authenticité de certains textes tirés de ses sermons qui, déjà de son vivant, circulaient sous son nom.

En l'une des questions qui datent de son premier séjour parisien, Eckhart rompt avec la théologie classique et, poussant à son extrême conséquence la proposition de saint Thomas *Intelligere Dei est ejus substantia*, il estime que les termes d'*esse*, d'*ens*, conviennent moins à Dieu que celui d'*intellectus*, le connaître étant plus élevé que l'être qui appartient aussi aux créatures. Il est écrit « Au commencement était le Verbe... », et non pas « Au commencement était l'être ». Or le Verbe se rapporte à l'intelligence. Eckhart abandonnera ensuite cette doctrine — dont on retrouvera cependant encore des traces dans plusieurs sermons —, mais elle montre son effort pour affirmer l'infinie transcendance de Dieu par rapport à la créature.

Dieu est donc l'être, l'être en soi, la plénitude de l'être, affirme à cent reprises Maître Eckhart, en accord avec toute la scolastique, toute la théologie. Dieu n'est connu qu'en lui-même et par lui-même : « Je suis qui je suis. » Pour tout ce qui est étranger à sa nature, il reste « le Dieu caché » d'Isaïe. Nous ne pouvons parler de lui que selon notre mode de pensée, à partir des choses qui nous sont connues, mais il transcende tout concept et tous les termes que nous lui appliquons. Pour nous, par exemple, la bonté et la miséricorde sont des perfections, la colère et la haine des imperfections. Quand, au contraire, nous parlons de la « miséricorde » et de la « colère » de Dieu, nous voulons dire que certaines de ses œuvres sont analogues à celles que produisent en nous la miséricorde et la colère ; les distinctions que nous établissons entre ses attributs, puissance, sagesse, bonté, ne sont que des catégories de notre entendement. Dieu est simple, Dieu est un, Dieu est : voilà les affirmations les moins inadéquates que nous puissions prononcer sur lui.

Eckhart désigne par le terme « Dieu » (got) le Dieu trinitaire, le Dieu créateur, alors qu'il emploie plus volontiers le mot « Déité » (gotheit) pour nommer l'essence divine, origine de la diffusion des trois Personnes. Là encore, il ne s'agit que d'une distinction due à notre mode de comprendre, car il ne peut y avoir d'antériorité en ce qui n'a ni commencement ni fin.

Or toutes ces expressions, qui relèvent de notions théologiques bien connues avant Eckhart et que l'on peut, dans son œuvre latine, rattacher à telle ou telle tradition, prennent dans son œuvre allemande une allure singulièrement plus originale, en sorte que l'on risque d'énormes contresens si on ne les insère pas dans l'ensemble de sa doctrine. Même

La Sainte Trinité. Liber viaticus, XIIIe siècle.

quand il n'a pas été trahi par les notes de ses auditeurs, la passion religieuse, son désir pastoral de donner à sa pensée un tour qui frappe et pénètre les esprits, sa fougue oratoire, l'emportent souvent jusqu'aux plus extrêmes paradoxes. En voici un exemple simple et incontestable.

Il veut expliquer que les facultés de l'âme restent jeunes, indépendantes du temporel : *Hier, je prononçai une parole qui paraît vraiment incroyable. Je disais : Jérusalem est aussi proche de mon âme que le lieu où je suis maintenant. Oui, en toute vérité : ce qui est éloigné de plus de mille lieues encore que Jérusalem est aussi proche de mon âme que mon propre corps. J'en suis aussi sûr que d'être un être humain, et il est facile aux clercs instruits de le comprendre.* (Sermon : Adolescens, tibi dico : surge !)

Il dira dans le même style : *Dieu et la déité sont aussi différents l'un de l'autre que le ciel et la terre... Dieu opère, la Déité n'opère pas, elle n'a rien à opérer, il n'y a pas d'opération en elle, elle n'a jamais eu aucune opération en vue. Dieu et la déité diffèrent par l'agir et le non agir.* (Sermon : Nolite timere eos...)

L'essence divine restant absolument innommée par tous les termes qu'on lui applique, Denys dit de Dieu qu'il est un « néant », « un pur néant ». Eckhart développe ce thème avec une surabondance de négations inouïes : *Dieu est sans nom, car personne ne peut dire ou comprendre rien de lui... Si je dis donc : Dieu est bon, ce n'est pas vrai ; je suis bon, mais Dieu n'est pas bon... Si je dis en outre : Dieu est sage, ce n'est pas vrai, je suis plus sage que lui. Si je dis encore : Dieu est un être, ce n'est pas vrai ; il est un être au-dessus de l'être et une négation superessentielle. Un maître dit : Si j'avais un Dieu que je puisse connaître, je ne le tiendrais pas pour Dieu... Tu dois l'aimer tel qu'il est : ni Dieu, ni esprit, ni personne, ni image ; plus encore : l'Un sans mélange, pur, lumineux...* (Sermon : Renovamini spiritu mentis vestræ.) Mais il précise dans un autre sermon : *Quand j'ai dit que Dieu n'était pas un être et était au-dessus de l'être, je ne lui ai pas par là contesté l'être, au contraire je lui ai attribué un être plus élevé.* (Sermon : Quasi stella matutina...)

Pour Eckhart comme pour saint Thomas et toute la scolastique, les idées des choses créées sont en Dieu, acte pur, comme dans leur exemplaire éternel : ni différentes de Dieu, ni différentes l'une de l'autre.

Lorsque nous disons que toutes choses sont en Dieu, nous entendons que, de même qu'il est dans sa nature sans aucune distinction, et cependant absolument distinct de toutes choses, de même en lui toutes choses sont dans la plus grande distinction et cependant non distinctes, et d'abord parce que l'homme est Dieu en Dieu : De même donc que Dieu n'est pas distinct du lion et en est absolument distinct, de même, en Dieu, l'homme n'est pas distinct du lion et en est absolument distinct. Il en est ainsi des autres choses. (Sermon latin IV, I.)

Son allemand prêtera une allure autrement audacieuse à ces notions que son latin avait exprimées en termes d'école : *C'est là que j'ai éternellement reposé et sommeillé dans la connaissance cachée du Père éternel, demeurant en lui, inexprimé.* (Ave, gratia plena.) *Dans cet être de Dieu où Dieu est au-dessus de tout être et de toute distinction, j'étais moi-même, je me voulais moi-même, je me connaissais moi-même, voulant créer l'homme que je suis. Et c'est pourquoi je suis la cause de moi-même selon mon être qui est éternel, mais non pas selon mon devenir qui est temporel.* (Beati pauperes spiritu.)

Dieu ou plutôt « la Déité », le « grunt », le fond originel, principe suprême de toutes choses, a donné aux créatures leur être propre. C'est par rapport à elles que « la Déité » devient « Dieu ». De là ce texte si souvent mal compris : *Dieu devient Dieu lorsque les créatures disent : Dieu.* (Nolite timere eos.) Suso reprendra cette même définition en termes plus précis : « Par cette diffusion, toutes les créatures ont trouvé leur Dieu, car lorsque la créature comprend qu'elle est une créature, elle reconnaît son créateur et son Dieu. »

Selon certains textes, Eckhart semblerait admettre l'éternité du monde. C'est là un des points retenus dans les divers actes d'accusation et la bulle de condamnation : *On ne doit pas s'imaginer faussement que Dieu était là à attendre on ne sait quel maintenant à venir où il créerait le monde. Dans l'instant même où Dieu fut et engendra son Fils, Dieu coéternel qui lui est égal en tout, il créa aussi le monde. Dieu parle une fois* (Job, XXXIII). *Il parle en engendrant son Fils, car le Fils est le Verbe. Il parle aussi en créant les créatures.* (In Gen. II, I, I.)

Mais on citerait bien d'autres passages où Eckhart s'exprime sans équivoque sur ce point. Dans sa première défense de Cologne, et plus nettement encore dans sa réponse à la commission d'Avignon, il explique que, l'action de Dieu étant identique à sa substance, Dieu a créé toutes choses dans le commencement absolu de son éternité. Il n'en résulte pas pour autant que le monde soit éternel. La création passive, c'est-à-dire considérée par rapport à la créature, a commencé dans le temps. La dialectique d'Eckhart établit nettement la distinction entre la création active de Dieu immuable et la création subordonnée au temps. *Il faut remarquer que Dieu a créé en même temps le ciel et la terre et tout ce qu'ils renferment... mais que toutes choses ne se sont pas manifestées en même temps.* (II In Gen., I, I.)

Lorsque le Père engendra toutes les créatures, il m'engendra et je sortis de lui avec toutes les créatures et demeurai pourtant à l'intérieur du Père. De même la parole que je prononce maintenant jaillit en moi, ensuite je m'arrête à mon idée, en troisième lieu je l'exprime et vous la recevez tous ; cependant elle demeure véritablement en moi. De même je suis demeuré dans le Père. (Ave, gratia plena.)

Transcendant au monde, Dieu lui est aussi immanent. Il ne faut pas, dit en substance Eckhart, comparer l'acte créateur de Dieu à celui de l'artiste, de l'architecte, par exemple, qui trouve ses matériaux à l'extérieur, ni avoir cette fausse

La création du monde.
Manuscrit de la seconde moitié du XIVe siècle.

hoies. plus coloratu[m] et n[on] coloratu[m].
q[uod] al[iu]d duo colorata i q[uan]tum huius. s[ed] q[ui]a
i distinct[us] e[st] ab o[mn]i ente. sicut z ipse
e[st] i distinctu[m] e[st] a q[uo]l[ib]et ente ut sup[ra]
do[ctu]m e[st]. Creatu[m] v[er]o o[mn]e lic[et] i[m]p[er]fectu[m] q[uo]d co[n]
fusu[m] e[st] distinctu[m] e[st]. ¶ Ex t[er]tia .i. q[uo]d t[ame]n . no. i.
dissile q[uod] i sic et similiter.
¶ Ad h[oc] d[icitu]r .z. q[uo]d t[ame]n dissile q[uod] id q[uo]d n[on] . z.
gen[us] nu[n]c h[abe]t cu[m] aliis. Ob q[uo]d v[er]sp[ic]it[ur]
q[uo]d o[mn]e gen[us] cu[m] nullo h[abe]t genus ec[iam] p[er]
ig[itur] p[ri]mu[m] ex t[ra] h[uius] q[uo]d n[on] l[ice]t i. t[ame]n dissile
p[ro]p[ter] d[eu]s et c[re]atur[a]. ¶ Ex q[uo] n[on] t[ame]n sile q[uo]d . no.
d[eu]s et c[re]atur[a]. Cu[m] c[um] t[ame]n sile alti q[uo]d id
q[uo]d s[ecundu]m totu[m] h[abe]t e[ss]e et ag[er]e e[ss]e ex p[ro]p[ri]o
ordi[n]e et r[ati]o[n]e ad alteru[m]. cui[us] to[tu]m e[ss]e
ab alio d[e]duct[u]m et exe[m]platu[m] s[ed] sic se
h[abe]t de c[re]atur[a] ad deu[m]. sicut ait boec[ius] . Boe.
de cons[olatione]. li. 3. Tu c[un]cta de su[m]mo bono
ducis exe[m]plo tu g[er]is qui no[n] ducis
ab exe[m]plo mu[n]du[m] me[n]te ger[ens] sile[m]
ymagi[n]e formas. ¶ Ex t[er]tia q[uo]d t[ame]n sile aug[ustinus] . no.
sicut e[st] id q[uo]d assimilat[ur] alti i i[n]t[er]ne
et i[n]t[er]na sua. h[oc] a[utem] s[ecundu]m e[st] v[er]u[m] / h[uius]
z h[uius]. alia sic[ut] sitia q[uo]d s[ecundu]m q[uo]d ad a
lia q[uo]d a q[uo]d i fertilitat[e]. p[ro]pt[er] odore / co
lore / sapore / figura et h[uius]mo[d]i.
¶ Ex t[er]tia .z. q[uo]d t[ame]n sile alte q[uo]d id q[uo]d . z.
i illo viuit mo[ve]t[ur] et e[st]. act[uum]. 17. . act.
cu[m] e[ss]e e[st] i illo e[ss]e et i nullo alio /
d[ici]t. s[ecundu]m solidades. De a q[uo] alt[er]i eade[m] / . Act.
i q[uo] re[ve]rti n[on] velle[n]s e[st] / i q[uo] manere est
sile e[st]. De a q[uo] exire e[st] mori i q[uo]
redire e[st] reuiuisc[er]e i q[uo] h[abe]t[ur] viue[re]
e[st]. p[ost] s[ecundu]m s[ecundu]m ex t[er]tiis q[uo]d n[on] l[ice]t t[ame]n sile alti . f.

représentation qu'il a projeté les créatures en dehors de lui dans une sorte de vide ou d'illimité. Il les a vraiment tirées du néant pour qu'elles reçoivent et aient l'être en lui. *L'Être même n'a besoin de rien parce que rien ne lui manque. Mais toutes choses ont besoin de lui parce que rien n'est en dehors de lui.* (In Exod., 3, 14 a.)

Tout ce qui n'est pas dans l'être, mais à côté ou en dehors de l'être, n'est pas. (Sermon IV, 1.) Comme conséquence logique de cette affirmation, Eckhart adopte, en la poussant à ses limites, la thèse de saint Augustin sur la non-substantialité du mal. Du fait qu'il s'oppose à l'être, le mal n'est pas. *Le démon n'est pas dans la mesure où il est le Mauvais... Donc le pécheur, fils du démon, est néant.* (In Sapientiam, V, 1.)

Eckhart sait comme saint Thomas que si Dieu est l'être en soi, *ens a se*, en qui l'essence et l'existence coïncident, l'être de la créature n'est qu'un être participé, *ens ab alio. Tous les blancs sont blancs à partir de la blancheur.*

Rien donc de si dissemblable que le Créateur et la créature, rien de si semblable non plus, et donc, tout à la fois, rien de si semblable et de si dissemblable que Dieu et la créature. Les commentaires sur l'Exode et sur le Livre de la Sagesse accumulent les preuves logiques et scripturaires pour le soutenir.

Quoique sa doctrine de l'analogie soit plus compliquée que celle de saint Thomas, il ne s'agit pas là d'une joute d'école, d'une sorte de jeu dialectique, malgré la subtilité du raisonnement. C'est au contraire pour Eckhart une question capitale à laquelle il s'applique avec toute la puissance de son esprit. Il faut toujours lire l'intention mystique en filigrane de ses textes : *Toute créature est quelque chose de fini, de limité, de distinct et de particulier, et ainsi elle n'est plus amour. Mais Dieu est l'amour qui embrasse toutes choses.* (Sermo VI, 1.)

Parce que Dieu est à l'intérieur de la créature et la pénètre, elle se nourrit de lui ; en même temps, elle aspire à lui parce qu'il lui est extérieur. L'âme désire Dieu. Issue de lui, elle doit retourner à lui qui est sa fin comme il est son commencement.

Par la création, Dieu dit, fait savoir, conseille et ordonne à toutes les créatures, du fait même qu'il les crée, de le suivre, de le prendre pour fin, de retourner en hâte vers lui, cause première de tout leur être, conformément à ces mots : Les fleuves retournent au lieu d'où ils viennent (Eccl., 1). *C'est pourquoi*

Texte d'Eckhart sur la différence et la ressemblance entre Dieu et la créature. (Commentaire sur l'Exode, manuscrit de Trèves, XIVe siècle.)

la nature de la créature veut qu'elle aime Dieu plus qu'elle-même... L'origine et la fin, le bien et la fin sont identiques. (In Johannem, I, 43.)

Mais pour que l'âme trouve Dieu, pour qu'il se donne à elle, il faut qu'elle lui prépare sa place. Aucun maître de vie spirituelle n'est plus rigoureux qu'Eckhart. Il poursuit le goût des choses terrestres et la volonté propre jusqu'en leurs retraites les plus cachées, jusqu'à paraître présenter un terme inaccessible à l'être vivant encore ici-bas.

... L'homme qui vient à Dieu est présent au monde par son corps, il est vrai, mais il est hors du monde par son esprit et son désir. Ils n'appartiennent pas à ce monde, dit le Christ, comme moi-même je ne lui appartiens pas... (In Johannem, III, I).

Toute la perfection de l'homme est d'être séparé et dépouillé de la créature, de se comporter de la même façon en tout et envers tout... de ne pas se réjouir, s'effrayer ou s'affliger d'une chose plus que de l'autre... Et quoique cela paraisse ardu et difficile, c'est pourtant aisé et nécessaire ; aisé premièrement parce que, pour celui qui a goûté l'esprit, toute chair paraît insipide. La douceur infinie dans laquelle on goûte Dieu anéantit toute autre chose. Deuxièmement parce que, pour celui qui aime vraiment, toutes choses extérieures et étrangères à Dieu, c'est à dire extérieures à l'être, sont pur néant. (Sermo VI, 4.)

C'est donc la pauvreté en esprit, celle-là même que recommande l'Évangile, qu'il prêche aux commençants comme aux plus avancés. Voie de purification, voie d'illumination, voie d'union - les trois étapes classiques de la vie mystique ne sont successives qu'en théorie : on est toujours en marche sur la voie de la « gelassenheit », du parfait abandon : *Jamais encore personne ne s'est assez renoncé en cette vie qu'il ne puisse trouver à se renoncer davantage.* (Instructions spirituelles, 4.)

A l'âme ainsi renoncée, Dieu accorde la grâce. Sans doute, l'homme est incapable de parvenir par ses propres mérites à cette vie divinisée, mais Dieu ne se laisse pas vaincre en générosité. Eckhart l'affirme avec son intrépidité coutumière : *Quand Dieu te trouve prêt, il lui faut agir et s'épancher en toi, de même que, dans un air clair et pur, il faut que le soleil se répande et il ne peut s'en dispenser. Certes, ce serait une très grande défaillance de la part de Dieu s'il n'accomplissait pas de grandes œuvres en toi et ne te comblait pas de grands biens lorsqu'il te trouve ainsi vide et dépouillé... Quand la nature arrive à son degré suprême, Dieu accorde sa grâce.* (Et cum factus esset Jesus annorum duodecim...)

Comme saint Augustin, Eckhart entend par grâce, au sens large, tout ce que l'homme tient de Dieu, et d'abord la vie, l'être naturel qu'il a reçu par la création ; mais la grâce, au sens précis du terme, la grâce sanctifiante, fait de l'homme un être nouveau, surnaturel, et lui permet de retourner à Dieu.

L'âme avancée dans la voie spirituelle, le mystique, « sent », « goûte » l'union de l'âme à Dieu par la grâce : le vocabulaire usuel prête tant bien que mal ses termes pour définir l'indéfinissable. Dieu se donne directement à l'âme au delà de toute catégorie intellectuelle. Elle contemple sans intermédiaire quelques-uns de ses attributs imparticipables, ou même elle a la certitude de le saisir dans son essence sans aucune notion intellectuelle et sans image, connaissance intuitive qui la comble d'une indicible joie et la fait défaillir d'amour.

Tous les mystiques ont parlé de cette expérience de l'âme ravie en Dieu, état violent et bref donné dans l'extase, « rapt de l'âme », « rapide enlèvement de l'esprit », dit sainte Thérèse d'Avila. L'âme se sent une avec Dieu, quoiqu'elle sache de la même ineffable connaissance que la différence subsiste entre elle et lui. Les mystiques cherchent à nous expliquer ce qu'ils éprouvent alors, comme on essayerait de donner à un aveugle-né la notion de la lumière. Ils parviennent du moins à nous faire partager leur certitude : une présence mystérieuse frémit derrière la porte dont eux seuls possèdent la clef. Depuis saint Bernard, les images du *Cantique des cantiques* ont été le plus souvent employées dans la mystique occidentale pour évoquer cette union. « Noces spirituelles », dit Ruysbrœck. Sainte Thérèse parlera, elle aussi, de fiançailles et de mariage. Saint Jean de la Croix traduira en termes brûlants les sentiments de l'épouse à la recherche de l'Époux.

Le vocabulaire d'Eckhart ignore cette mystique dite « nuptiale ». Il ne laisse pas plus de place au sentiment qu'aux visions. Alors que nous les retrouverons chez Suso mêlées à la spéculation, c'est à peine si un frémissement dans les textes d'Eckhart, une vibration de sa voix dans ses sermons, nous font soupçonner qu'il sait, lui aussi, combien le Seigneur est doux. Sa spiritualité apparaît absolument dépouillée.

Jamais il ne permet aux « puissances inférieures de l'âme », à la sensibilité, aux mouvements affectifs, de s'exprimer en termes ardents. C'est pourquoi aussi, alors que les âmes qui ont « goûté » Dieu se plaignent de son départ qui les laisse suspendues entre ciel et terre, dans l'obscurité des nuits et leur aridité, Eckhart n'accepte pas ces alternatives de joie et de tristesse. Celui qui s'est vraiment renoncé ne se laisse pas ainsi troubler : *Notre cœur éprouve parfois l'absence de Dieu et pense souvent que Dieu est parti. Que dois-tu faire alors ? Exactement ce que tu ferais si tu étais dans la plus grande consolation... L'homme qui serait sorti de lui-même ne pourrait jamais perdre Dieu et ne sentirait son absence en aucun de ses actes.* (Instr. spir., 11.)

En raison de cette discrétion extrême, de cette absence d'effusions, certains se sont demandé si cette expérience des mystiques, ce contact avec Dieu directement éprouvé, Eckhart l'a connu lui-même, ou s'il n'en parle que d'après les entretiens de ses filles spirituelles et la pratique du confessionnal. Très rarement, il est vrai, ses textes prennent l'allure de confidences. Il ne s'est pas raconté, même à la troisième personne. La question paraît pourtant surprenante aux familiers de son œuvre.

... Celui qui aime Dieu ne l'aime pas à cause de sa sagesse ou de son éternité, elles ne le lui font pas aimer davantage, mais il les aime parce qu'elles sont Dieu ; il n'aime rien d'autre en elles parce qu'il a tout en Dieu, parce que Dieu est pour lui toutes choses. (Sermo VIII.)

Ne s'agit-il ici que d'un amour tout théorique, si l'on ose dire, où l'expérience n'a pas de part ?

Quand, dans le commentaire sur l'évangile de saint Jean, il cite les *Confessions* de saint Augustin — « Tu me fais pénétrer à l'intérieur de moi-même dans une douceur inconnue » — ou ce texte d'Hugues de Saint-Victor — « Quelle est cette douceur qui sait parfois me toucher, me saisir avec tant de violence et de suavité que je deviens comme absolument étranger à moi-même et ne sais où je suis emporté ? » — on a bien le sentiment que, s'il fait siennes toutes ces expressions, c'est qu'il a personnellement pénétré leur sens.

Faut-il invoquer des textes comme celui-ci ?

Quand l'âme reçoit un baiser de la déité, elle acquiert sa plus grande perfection et sa plus grande béatitude. (Sermon In diebus suis placuit deo.)

Ou encore :

Si vous pouviez le reconnaître avec mon cœur, vous comprendriez bien ce que je dis, car c'est vrai et la vérité le dit elle-même. (Intravit Jesus in quoddam castellum.)

Plus encore qu'à des textes précis, c'est à l'intuition mystique qui anime toute son œuvre qu'il faudrait se référer. Mais qu'il les ait connus ou non par lui-même, ces états violents, exceptionnels, ne sont pas pour lui l'essentiel.

Au delà de l'union actuelle des puissances donnée dans l'extase, qui n'est pas continue en cette vie et ne saurait l'être, les classiques de la mystique parlent d'un état d'union « essentielle » qui constitue le mariage spirituel. Sainte Thérèse d'Avila a rajeuni de très anciennes images en comparant cette union de l'âme avec Dieu à celle de deux cierges qui confondent leur flamme, ou à l'eau du ciel qui tombe dans une fontaine et ne s'en distingue plus.

Les mystiques du Moyen Age n'ont pas classé les états mystiques avec autant de sens psychologique et de méthode que le feront plus tard une Thérèse d'Avila, un Jean de la Croix, et il est parfois difficile de séparer exactement les textes où ils font allusion à « l'union actuelle des puissances » de ceux où il est question de « l'union essentielle ou substantielle ». Bien qu'il n'emploie pas les mêmes termes, c'est pourtant de ce dernier état que parle le plus fréquemment Eckhart, d'une tranquille et permanente possession de Dieu.

Cette véritable possession de Dieu se situe dans l'esprit, dans l'intention intérieure et spirituelle dirigée vers Dieu, non pas dans une pensée continue et toujours semblable, car ce serait impossible ou très difficile à la nature, et ce ne serait pas non plus le mieux. L'homme ne doit pas se contenter d'un Dieu qu'il pense, car lorsque la pensée s'évanouit, Dieu s'évanouit aussi. Bien plutôt, on doit posséder un Dieu dans son essence, loin au-dessus des pensées de l'homme et de toute créature. Ce Dieu ne s'évanouit pas, à moins que l'homme ne se détourne volontairement de lui.

Qui possède ainsi Dieu dans son essence saisit Dieu selon le mode de Dieu, et pour lui Dieu resplendit en toutes choses, car toutes choses ont pour lui le goût de Dieu et il voit son image en toutes choses... De la même manière que celui qui ressent violemment une grande soif peut bien faire autre chose que boire et avoir aussi d'autres pensées, mais qu'il fasse n'importe quoi ou qu'il soit avec n'importe qui, ou quelle que soit son intention,

évoquent soit un élément très élevé, très subtil : « acumen mentis » (Hugues de Saint-Victor), « summum mentis » (Richard de Saint-Victor), ou, au contraire, un élément très profond, très caché : « intimum mentis », « intimum mentis sinus », chez le même Hugues et le même Richard. Sainte Thérèse d'Avila parlera de « l'esprit de l'âme », du « centre de l'âme ». Eckhart emploie ces deux séries d'images : « le plus élevé de l'âme », « l'esprit de l'âme » (in dem hœhsten der sêle, das oberste der sêle, der sêle geist), « le plus intérieur de l'âme » (daz innigest). *Et quand je dis le plus intérieur, je veux dire le plus élevé, et quand je dis le plus élevé, je veux dire le plus intérieur.* (Predica verbum.) Il le nomme encore « le fond » (der grunt), « le château fort » (bürgelîn), « l'étincelle de l'âme », surtout (scintilla animæ, das fünkelin der sêle), expression venue de Pierre Lombard qui l'a empruntée à saint Jérôme, mais si souvent citée à propos d'Eckhart qu'elle est devenue comme son bien propre.

En ce qui concerne les puissances de l'âme, la pensée d'Eckhart présente un certain flottement. Sur la question disputée jusqu'à satiété dans les écoles sur la primauté de l'intelligence ou de la volonté, ses sermons apportent des réponses contradictoires. De même, il identifie parfois « l'étincelle de l'âme » avec l'intellect ou la raison supérieure ; tantôt il la nomme une puissance, tantôt il la situe bien au delà de toutes les puissances.

De même que la Déité est « antérieure » aux trois Personnes selon notre mode de comprendre, de même, le « fond » de notre âme est ce qui est « antérieur » aux facultés de l'âme.

Les textes abondent qui prouvent que, chez Eckhart, ce « quelque chose », « étincelle », « château fort » ou « fond », est le point d'appui de toutes les grâces, aussi bien de connaissance que d'amour. C'est lui qui reçoit la grâce sanctifiante et les dons du Saint-Esprit. Il est à l'image de Dieu. C'est l'empreinte de lui-même qu'il a laissée dans l'âme, où il se reconnaît et qui est capable de l'accueillir.

... Le Dieu sans nom est inexprimable et l'âme dans son fond est aussi inexprimable que lui. (Qui odit animam suam...)

Ce « quelque chose » est uniquement accessible au « fond originel », à la « déité », à « l'Un sans mode » :

Ce château fort est tellement un et simple, cet un unique est tellement élevé au-dessus de tout mode et de toutes les puissances que jamais puissance ni mode ni Dieu lui-même n'a pu y regarder. En toute vérité et aussi vrai que Dieu vit, Dieu lui-même ne le pénétrera jamais un instant, ne l'a encore jamais pénétré de son regard selon qu'il possède des modes et les propriétés de ses Personnes. On le comprend aisément, car cet un unique est sans mode et sans propriété. Pour que Dieu le pénètre de son regard, il faut donc qu'il soit dépouillé de tous ses noms divins et des propriétés des Personnes. Il faut qu'il les abandonne toutes pour que son regard y pénètre. Il faut qu'il soit l'Un dans sa simplicité, sans aucun mode ni propriété, là où il n'est en ce sens ni Père ni Fils ni Saint-Esprit et où il est cependant un Quelque chose qui n'est ni ceci ni cela. (Intravit Jesus in quoddam castellum.)

Qui, plus que ses disciples Tauler ou Suso, est à même de nous expliquer ce qu'Eckhart entend par là ? Or Tauler écrit :

« De cette noblesse intérieure qui est cachée dans le fond de l'âme, beaucoup de maîtres ont parlé, anciens et modernes : l'évêque Albert, Maître Dietrich, Maître Eckhart. L'un l'appelle une étincelle de l'âme, l'autre un fond ou une cime, l'autre le principe premier. L'évêque Albert la nomme une image dans laquelle est représentée et se trouve la Sainte Trinité. Et cette étincelle vole à la hauteur où est sa place, en sorte que l'intellect ne peut pas la suivre, car elle ne repose pas avant d'être retournée dans le Fond d'où elle est issue, où elle se trouvait quand elle n'était pas créée. » (LXIV.)

Ce que la grâce sanctifiante opère dans ce « quelque chose », cette « étincelle » de l'âme, c'est la naissance du Verbe. Le Logos, Fils unique de Dieu, a pris un corps de chair, est devenu le Christ, pour que les hommes, justifiés par la grâce, retournent à Dieu en lui et par lui.

CETTE DOCTRINE DE LA NAISSANCE DU VERBE DANS L'AME QUI S'EST RENONCÉE EST AU CŒUR MÊME DE LA MYSTIQUE D'ECKHART, LE FOYER QUI L'ÉCLAIRE TOUTE. On ne saurait trop y insister. Sans doute, on trouve dans ses écrits et ses sermons des réminiscences des mystiques antérieurs, Plotin, Proclus, Denys. Elles ne sont qu'accessoires. SA DOCTRINE EST ESSENTIELLEMENT CELLE DE L'IDENTIFICATION AU CHRIST MÉDIATEUR, CHEF DU CORPS DONT LES CHRÉTIENS SONT LES MEMBRES, QUE LA THÉOLOGIE MODERNE A NOMMÉE DOCTRINE DU CORPS MYSTIQUE. Au delà des intermédiaires néoplatoniciens, Eckhart l'a puisée dans les textes johanniques et pauliniens. Même les références à Augustin ne sont qu'une confirmation de surcroît aux commentaires qu'il en donne. Ses assertions les plus paradoxales, les plus audacieuses, s'expliquent et perdent leur apparence « monstrueuse », selon sa propre expression, si on les replace dans cette perspective.

« Vous êtes des dieux et les fils du Très-Haut », chante le psaume LXXXI. « Le royaume de Dieu est au dedans de vous », dit le Christ. (*Luc*, XVII, 21.) « ... pour que nous soyons nommés et que nous soyons enfants de Dieu... maintenant nous sommes fils de Dieu... » (I *Jean*, III, 1-2.) « ... participants à la nature de Dieu... » (II *Pierre*, I, 4.) Les textes de saint Paul surabondent. « Si nous sommes fils, nous sommes aussi héritiers, héritiers de Dieu, cohéritiers du Christ. » (*Rom.*, VIII, 17.) « Car ceux qu'il a connus par avance, il les a prédestinés à être rendus conformes à l'image de son Fils, pour que celui-ci fût le premier-né parmi beaucoup de frères. » (*Rom.*, VIII, 29.) « Pour vous, vous êtes le corps du Christ et ses membres. » (I *Cor.*, XII, 27.) Plus frappants encore, les termes de l'épître aux Galates : « Tous, en effet, vous êtes fils de Dieu par la foi dans le Christ Jésus, car vous tous qui avez été baptisés dans le Christ, vous avez revêtu le Christ. » (*Gal.*, III, 26-27.) « Ainsi, tu n'es plus esclave, tu es fils et, étant fils, tu es héritier de par Dieu. » (*Gal.*, IV, 7.) Doctrine qui trouve son expression la plus concise et la plus frappante en ces mots : « Ce n'est plus moi, c'est le Christ qui vit en moi. » (*Gal.*, II, 20.)

Habitués à ces textes, les yeux des chrétiens glissent sur eux sans s'étonner de leur prodigieuse hardiesse. La théologie circonscrit prudemment ce mystère « qui dépasse tout entendement ». Les mystiques redoutent moins les mots qui leur paraissent toujours trop faibles pour traduire leur expérience. Eckhart ne cessera de scruter les abîmes de lumière que recèlent les versets de saint Jean et de saint Paul.

La grâce, qui est la vie de l'âme, fait que l'homme est un avec Dieu, vit et agit en lui, devient le fils de Dieu, le frère du Christ. *Le premier fruit de l'Incarnation du Christ, Fils de Dieu, c'est que l'homme soit par la grâce de l'adoption ce que le Christ est par nature, conformément à cette parole : Il leur a donné pouvoir de devenir fils de Dieu, et à celle-ci* (II Cor., III) : *Nous tous, le visage découvert, nous réfléchissons comme en un miroir la gloire du Seigneur et nous nous voyons transformés en cette même image de clarté en clarté.* (In Johannem, I, 12-13.)

Tout le chapitre I du commentaire sur saint Jean développe le même thème. *Le Christ habitant en nous et nous rendant semblables à lui par grâce, nous sommes nommés et nous sommes fils de Dieu.* (I Jean, III, I.) *Il ne dit pas seulement « nous sommes nommés », mais « nous sommes nommés et nous sommes — « pour que nous soyons » — pour qu'il soit le premier-né parmi beaucoup de frères. »* (Rom., VIII, 29.)

Et dans un autre chapitre : *En vertu de l'unité de la personne par laquelle Dieu et l'homme sont un dans le Christ, le fils de Dieu a habité la terre et demeure ce même Fils de l'homme dans le ciel* (Augustin)... *Mais s'il est dit que le Fils de l'homme est au ciel, cela signifie qu'il est partout et remplit tout selon cette parole : Je remplis le ciel et la terre* (Jer., XXIII, 24)... *La sixième explication se rapporte au Christ le chef et à ses membres. C'est pourquoi Grégoire dit : Parce que nous sommes déjà devenus un avec lui, lui qui est toujours au ciel, monte chaque jour au ciel en nous...*

... *De cette unité des chrétiens avec le Christ, de son corps, c'est-à-dire son Église, que le Christ considère comme faisant un avec lui, Augustin dit : Le Christ fait de nous une seule personne, chef et corps. Nous prions par lui, nous le prions, nous prions en lui. Nous lui parlons et il nous parle ; quand nous parlons en lui, il parle en nous. Que personne ne dise : Ce n'est pas le Christ qui dit cela, ou : Ce n'est pas moi qui*

L'Église, Corps du Christ,.
(Bible moralisée, XIIIe siècle.)

dis cela ; s'il sait qu'il appartient au corps du Christ, qu'il dise l'un et l'autre : « Le Christ le dit » aussi bien que : « Je le dis. » Ne dis rien sans lui et il ne dira rien sans toi. (In Johannem, III, 13.)

Ainsi a parlé Maître Eckhart devant ses étudiants, ainsi a-t-il fixé pour eux sa doctrine du corps mystique dans les formules strictes de ses commentaires latins, n'avançant rien sans le secours d'une référence. Mais quand, devant ses auditoires de moniales dont toute la vie est tendue vers cette fin, il aborde le mystère du Christ en nous, son thème de prédilection, sans que sa science de théologien l'abandonne il parle davantage de l'abondance du cœur avec toute sa fougue et sa flamme :

Le prophète dit : « J'ai répandu mon âme en moi. » Mais saint Augustin prononce une parole préférable : J'ai répandu mon âme au-dessus de moi. Il faut nécessairement qu'elle se dépasse elle-même si elle doit devenir une dans le Fils, et plus elle sort d'elle-même, plus elle devient une avec le Fils. Saint Paul dit : « Nous sommes transformés au-dessus de nous-mêmes dans l'image qu'il est lui-même. » (Beati qui esuriunt et sitiunt justitiam...).

On dirait parfois que le prédicateur s'irrite de se heurter à l'impuissance des mots. Son expression l'entraîne toujours plus loin, plus haut, se dépasse sans cesse pour tenter d'expliquer l'indicible et d'étreindre l'insaisissable.

Le Père engendre son Fils dans l'éternité, semblable à lui-même. « Le Verbe était en Dieu et le Verbe était Dieu » : il était identique à lui dans la même nature. Je dis de plus : Il l'a engendré dans mon âme. Non seulement elle est près de lui et de même il est près d'elle, mais il est en elle, et le Père engendre son Fils dans l'âme de la même manière qu'il l'engendre dans l'éternité, et non autrement. Il lui faut le faire, qu'il en ait joie ou peine. Le Père engendre sans cesse son Fils et je dis plus encore : il m'engendre en tant que son Fils et le même Fils. Je dis davantage : il m'engendre non seulement en tant que son Fils, il m'engendre en tant que lui, et lui en tant que moi, et moi en tant que son être et sa nature. Dans la source la plus profonde, je sourds dans le Saint-Esprit ; c'est là une vie, un être, une opération. Tout ce que Dieu opère est un ; c'est pourquoi il m'engendre en tant que son Fils, sans aucune différence. (Justi vivent in æternum.)

La bulle de condamnation retiendra les plus audacieuses de ces propositions : « Le Père m'engendre en tant que son Fils et le même Fils. Il m'engendre sans aucune différence. »

Alors que les réponses d'Eckhart à ses juges prouvent que c'est bien à la doctrine paulinienne de l'identification au Christ que son esprit rattache de tels textes, on comprend dans une certaine mesure que les premiers commentateurs modernes, qui connaissaient mal la science scolastique dont Eckhart s'était nourri et n'avaient pu lire ni ses œuvres latines ni les pièces du procès, aient ici parlé de panthéisme. Une lecture plus attentive des textes allemands les eût cependant déjà mis en garde : *Je prends un bassin avec de l'eau, j'y mets un miroir et je le place sous le disque du soleil ; le soleil envoie ses rayons lumineux hors de son disque et des profondeurs du soleil sans cependant disparaître. Le reflet du miroir dans le soleil est soleil dans le soleil, et pourtant le miroir est ce qu'il est. Il en est de même de Dieu. Dieu est dans l'âme avec sa nature, avec son être et sa Déité, et pourtant il n'est pas l'âme. Ce reflet de l'âme est Dieu en Dieu, et cependant elle est ce qu'elle est.* (Nolite timere eos...)

L'âme a pleinement accompli sa tâche terrestre quand, s'étant dépouillée d'elle-même, elle a laissé la grâce agir pour que le Verbe puisse naître en elle, la transformant en l'essence divine. « Identifiée avec celui qu'elle aime, l'âme devient Dieu par anticipation... elle fait en Dieu et par Dieu ce que Dieu fait par lui-même en elle », dira saint Jean de la Croix. Mais parler d'anticipation, c'est encore se situer dans la durée. Dans le Dieu éternel, il ne saurait y avoir ni passé ni futur ni division ni changement.

Quand l'homme est élevé au-dessus du temps dans l'éternité, l'homme opère une même œuvre avec Dieu. Certaines personnes demandent comment l'homme peut opérer les œuvres que Dieu a opérées voici mille ans et qu'il opérera encore dans mille ans, et elles ne comprennent pas. Dans l'éternité il n'y a ni avant, ni après. C'est pourquoi ce qui est arrivé voici mille ans, ce qui arrivera dans mille ans et ce qui arrive maintenant, n'est qu'un dans l'éternité. C'est pourquoi ce que Dieu a fait et créé voici mille ans, fera dans mille ans et fait maintenant n'est qu'une seule œuvre. C'est pourquoi l'homme qui est élevé au-dessus du temps dans l'éternité opère avec Dieu ce que celui-ci a opéré avant et opérera après des milliers d'années.

Et pour que l'intention mystique apparaisse clairement, Eckhart ajoute : *Pour ceux qui savent, c'est affaire de savoir, pour ceux qui ont l'esprit fruste, c'est affaire de foi.* (Justus in perpetuum vivet.)

Dans *Le Livre de la Vérité*, Suso, fidèle à la pensée d'Eckhart, reprendra ce thème en un jeu de questions et de réponses posées avec une subtile sagesse. (Il ne faut pas, en lisant ce texte, oublier que, ici comme dans la terminologie de Denys, le « Néant » désigne l'Un divin.)

« Une parole me frappe encore dans ce qui a été dit : c'est que l'homme puisse parvenir en ce monde à comprendre qu'il est un avec celui qui a toujours été. Comment est-ce possible ?

— Un maître dit que l'éternité est une vie qui est au delà du temps et qui inclut tout le temps, sans avant et sans après. Et celui qui est absorbé dans le Néant éternel possède tout en tout et n'a plus là ni avant ni après.

— Cette absorption ne peut se produire pour l'homme qu'après sa mort, selon l'Écriture.

— C'est vrai s'il s'agit de la possession permanente et parfaite, mais non pas s'il s'agit plus ou moins d'un avant-goût.

— Mais qu'en est-il de la coopération de l'homme avec Dieu ?

— Ce qui en est dit ne doit pas être entendu d'après une simple explication selon la signification des mots comme on les comprend d'ordinaire ; il faut entendre par là l'anéantissement selon lequel l'homme n'est pas demeuré en lui-même et s'est anéanti dans l'Un pour devenir un...

Et note ici une distinction... Les théologiens chrétiens... et en général les maîtres et les personnes saintes considèrent les choses selon qu'elles sont issues de Dieu et, après sa mort naturelle, ramènent l'homme en Dieu s'il a vécu ici-bas dans sa volonté. Mais ces personnes absorbées en Dieu, en raison de cette union ineffable et immanente qu'elles ont avec lui, se considèrent, elles et toutes choses, comme immanentes et éternelles. »

L'âme en qui vit le Christ a ainsi fait sa « percée ». Elle est retournée à Dieu par le Fils unique. Elle correspond désormais à son exemplaire éternel en Dieu. En son « fond », « au delà » des puissances, elle a « dépassé Dieu » en tant qu'il se définit par rapport aux créatures, « dépassé » les relations des Personnes, pour pénétrer jusqu'au « silencieux désert », jusqu'à « l'abîme insondable », « source » et « origine » qui produit les diffusions. Elle s'est unie à l'Un dans son essence. Il se donne à elle avec tout ce qu'il est. Elle est devenue par grâce ce qu'il est par nature. Elle participe à son immuable éternité.

Dans la percée, où je suis libéré de ma propre volonté, de la volonté de Dieu, de toutes ses œuvres et de Dieu lui-même, je suis au-dessus de toutes les créatures et je ne suis ni Dieu ni créature, je suis bien plutôt ce que j'étais et ce que je demeurerai maintenant et à jamais. Je reçois une impulsion qui doit m'élever au-dessus de tous les anges. Dans cet élan, je reçois une si grande richesse que Dieu ne peut me suffire, selon tout ce qui fait qu'il est Dieu avec toutes ses opérations divines, car ce qui m'est donné dans cette percée, c'est que Dieu et moi, nous sommes un. Là, je suis ce que j'étais sans décroître ou croître, car je suis là une cause immobile qui meut toute chose. Ici, Dieu ne trouve plus de lieu dans l'homme, car, par cette pauvreté, l'homme acquiert ce qu'il a été éternellement et demeurera toujours. Ici, Dieu est un avec l'esprit, et c'est la pauvreté la plus intime que l'on puisse trouver. (Beati pauperes spiritu.)

Est-ce à dire que ce mystère soit uniquement réservé à l'initié ? On lit à propos de la Samaritaine qui reçut la parole du Sauveur, y étant si peu préparée : *Personne ici n'est si fruste et borné qu'il n'y puisse parvenir ; pourvu que, par la grâce de Dieu, il unisse purement et totalement sa volonté avec la volonté de Dieu, il n'a qu'à dire dans son désir : « Seigneur, montre-moi ta plus chère volonté et donne-moi la force de l'accomplir. » Et Dieu le fera, aussi sûr qu'il vit, et Dieu lui donnera parfaitement et de toute manière cette totale plénitude, autant qu'il a pu la donner à cette femme.* (Euge, serve bone...)

Jésus et la Samaritaine.
Colonne de Saint Bernward. Hildesheim.

Il suffit donc de s'ouvrir à la grâce dans la bonne volonté.

Sans doute, Eckhart sait que l'homme encore revêtu de sa chair, qui n'a jamais pu complètement se renoncer et chemine parmi les difficultés terrestres, est infiniment dépassé par ce mystère : ... *Que celui qui ne comprend pas ce discours n'en ait pas le cœur affligé. Tout le temps que l'homme n'a pas atteint cette vérité, il ne la comprendra pas, car c'est une vérité qui dépasse le concept et qui est sortie directement du cœur de Dieu.* (Beati pauperes spiritu.)

Tel est pourtant le sens métaphysique de l'homme, indépendamment du sentiment et de la notion intellectuelle qu'il peut en avoir. C'est par la foi au Christ qu'il y adhère en totale confiance, en pleine certitude.

Il conviendra de lire les textes d'Eckhart dans la perspective de ces trop brèves explications.

La voie mystique. *En haut, à gauche, les trois cercles concentriques représentent « l'abîme sans mode de la Déité éternelle sans commencement ni fin ». De l'unité est issue « la Trinité des Personnes dans l'unité de l'Essence » (en haut à droite). En descendant la page, la diffusion des créatures : l'ange (sa chute immédiatement dessous), l'âme humaine (sous les traits d'une femme), créée à l'image de la Déité. Ayant compris que la vie est courte (on remarque la mort avec sa faux), elle se détourne des créatures qui occupent l'angle droit, en bas. L'âme sait qu'elle doit mourir à elle-même et être crucifiée avec le Christ. La ligne rejoint une figure agenouillée et remonte vers l'image d'une religieuse que visent des poignards et des flèches. A sa gauche, divers monstres représentent les tentations. La ligne redescend vers l'image d'une femme assise dans une attitude abandonnée que le renoncement (gelassenheit) va dépouiller d'elle-même. La ligne monte vers Jésus crucifié. Puis c'est la transformation dans la Déité. Les sens sont détachés des formes créées, les puissances supérieures transfigurées, ce que symbolise une femme, les yeux fermés, plongée dans sa contemplation. L'esprit s'élance vers la Trinité des Personnes (« Je suis anéanti en Dieu, nul ne peut m'atteindre ».) Plus loin encore, il oublie toutes choses (silhouette imprécise dans une sorte de cercueil aux volets ouverts) et reflue avec la Trinité dans l'abîme de l'essence divine.*
(Manuscrit des œuvres de Suso, Bibliothèque de Berlin, seconde moitié du XIVe siècle.)

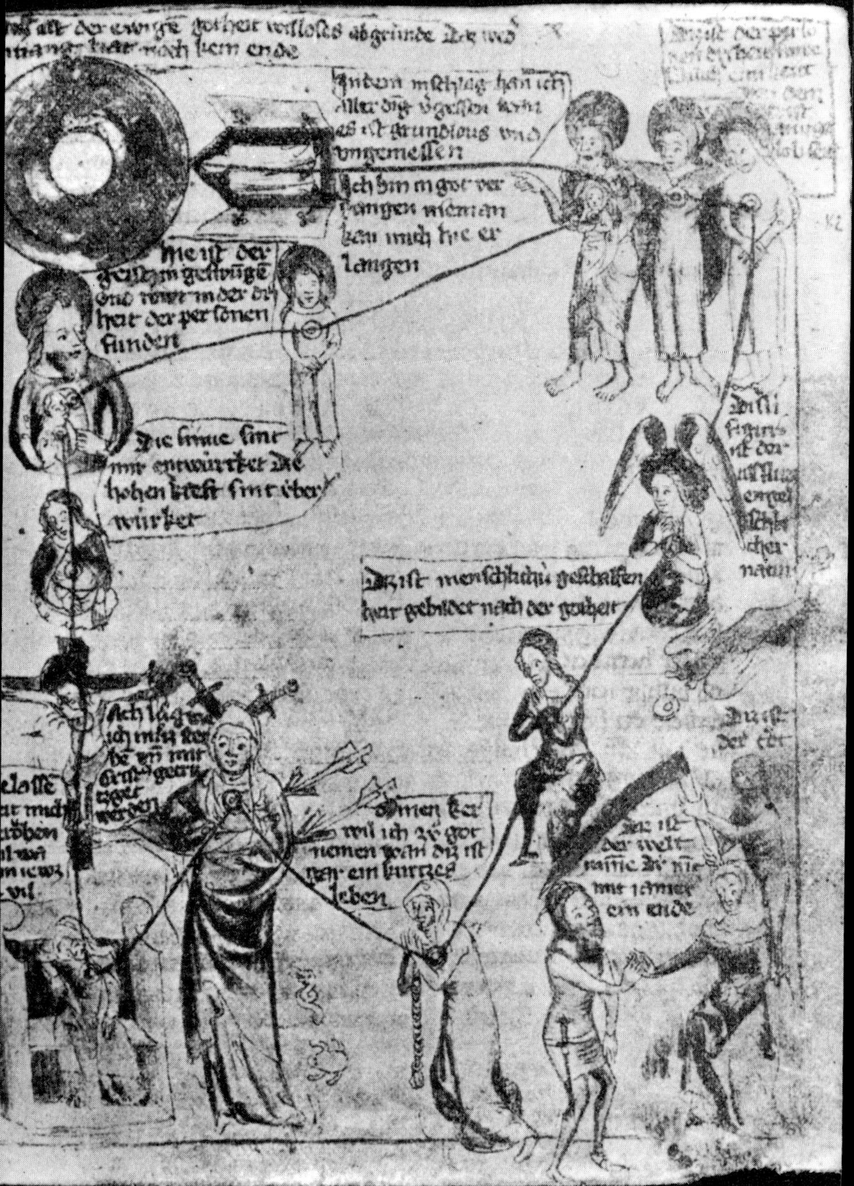

es ist grundlous und ungemessen
Ich bin in got ver fangen niemen kan mich hie er langen
Die sinne sint nit enwürcker die hohen krefte sint über würker

Das sind die rede die der vicarius vo türingen der prior vo erdfortt vnd brude eckhartt predier ordens mit solchen kindern geredt hand die in diser rede fragten vil dings da sie sassen in Colacionibus mit ein ander etc.

vo warer gehorsamj das erst

Wär vnd volkomen gehorsamj ist ein tuget vor alle tugend vn kein werck sa groß mag geschehen noch geto werden one die tuget vnd wie clein ein werck Sin wie schnöd es sy So ist es nutzer geton In warer gehorsamj Er sy meß lesen hören betten Contemplieren oder wz du magst gedencken Nim aber wie schnöd ein werk du wöllest Es sy was dz sy Es machet dir ware gehorsamj edler vn besser Gehorsamj wirck alweg das aller best in allen dingen Ich die gehorsamj Irre nimer nit vn versompt och nit wz yeman nit in keine dingen Das ist der waren gehorsamj güt Wan sie versompt kein güt Gehorsamj bedarff nimer nit gesorgen In gebrist och keins güt Wan der mensch in gehorsam des sinen vß gat Da an dem selbe müß gott vo not wider ingon wan so eine im selber nit enwil Dem müß got wöllen als im selber Wan ich mines willes bin vß gangen In die hand mins prelaten vn mir selbe nit enwil Darum müß mir got wöllen Vn versompt er mich an dem teil Er versampt er sich selber Also in allen dingen Da ich mir nit wil Da wil mir got Nim merck was wil er mir Das ich mir nit wil Da ich mich an lasse Da müß er mir vo not wöllen alles das er im selber wil Noch minder noch mer Vnd mit der selben wiß da er im nit wil Tät got des nit In der warheit die got ist So wer got nit gerecht Noch en wer got das sin naturlich wese ist In warer gehorsamj sol nit gefunden werde Ich wil also oder also oder diß oder daz Sunder ein lutre vß gan des dinen Vnd darum in dem aller besten gebet Das der mensch mag gebette sol nit sin weder gib mir die tuget oder die wise oder ja herre gib mir dich selber oder ewigs lebe Sunder

TEXTES

INSTRUCTIONS SPIRITUELLES

Les Instructions spirituelles *rédigées en allemand, probablement par Eckhart lui-même, nous apportent l'écho de propos de table* (in collationibus) *alors qu'il était prieur d'Erfurt et vicaire de Thuringe (avant* 1298*). Gênés par l'insistance avec laquelle Eckhart souligne ici la nécessité des œuvres et des sacrements, certains commentateurs se plaisent à dire qu'il n'avait pas encore élaboré complètement sa doctrine. Mais il faut avant tout penser qu'il s'agit ici de libres entretiens, que ses interlocuteurs sont en partie de très jeunes frères, presque encore des enfants, et qu'il veut leur donner des directives pratiques. Les textes latins et les sermons prononcés en chaire s'adressent généralement à des auditoires plus formés et dans un autre style. Ils sous-entendent d'ailleurs l'instruction religieuse des commençants préalablement donnée, que Maître Eckhart a dû bien des fois encore répéter à ses filles et ses fils spirituels, même quand l'envol de sa pensée l'emportait si haut. D'autre part, les thèmes essentiels de ses œuvres ultérieures se trouvent déjà ici en germe : nécessité de servir Dieu en toutes choses et en tous lieux, de se renoncer soi-même pour lui laisser la place. Si je lui donne tout ce que je suis, il me donnera tout ce qu'il est. Eckhart fera de cette pensée le centre de ses instructions les plus simples comme de ses spéculations les plus sublimes.*

Commencement des Instructions spirituelles *d'Eckhart. Manuscrit de Karlsruhe.*

Du détachement et de la possession de Dieu [1].

Celui qui est tel qu'il doit être a Dieu près de lui en vérité, et celui qui possède Dieu en vérité le possède en tous lieux, dans la rue et avec n'importe qui aussi bien qu'à l'église, dans la solitude ou dans sa cellule. S'il le possède véritablement et lui seulement, nul ne peut lui être un obstacle.

Pourquoi ?

Parce qu'il a Dieu seul et que son intention ne va qu'à Dieu seul, et que toutes choses deviennent pour lui uniquement Dieu. Cet homme porte Dieu dans toutes ses œuvres et en tous lieux, et toutes les œuvres de cet homme, c'est Dieu uniquement qui les opère. Car l'œuvre appartient plus véritablement en propre à celui qui en est la cause qu'à celui qui la réalise. Si donc notre intention est seulement et uniquement Dieu, en vérité, il faut qu'il opère notre œuvre et nul ne peut l'empêcher d'opérer ses œuvres, ni la foule ni le lieu. Ainsi, personne ne peut être un obstacle à cet homme parce qu'il ne considère et ne cherche et ne goûte rien que Dieu qui s'unit à lui dans toutes ses intentions. Et de même qu'aucune multiplicité ne peut distraire Dieu, de même rien ne peut distraire ni disperser cet homme, car il est un dans l'Un, en qui toute multiplicité est une et une non-multiplicité.

L'homme doit saisir Dieu en toutes choses et accoutumer son esprit à avoir sans cesse Dieu présent dans son esprit, son intention et son amour. Considère quelles sont tes intentions envers ton Dieu, que tu sois à l'église ou dans ta cellule : garde une disposition d'esprit semblable ; porte-la dans la foule, dans l'agitation et la diversité. Et comme je l'ai dit souvent, quand on parle d'égalité, on n'entend pas qu'il faille apprécier de la même façon toutes les œuvres, tous les lieux ou toutes les personnes. Ce serait absolument faux, car prier est une œuvre meilleure que filer, et l'église un lieu plus noble que la rue. Mais tu dois avoir dans les œuvres une même disposition d'esprit, une même confiance, un même amour pour ton Dieu et le considérer avec le même sérieux.

---

1. J'ai traduit les textes sur l'original tel que l'a publié la grande édition critique, avec quelques légères modifications proposées par Josef Quint dans sa toute récente traduction en allemand moderne par référence à d'autres manuscrits. Pour les *Instructions spirituelles*, non encore publiées dans la grande édition, j'ai suivi le texte d'Ernst Diederichs (1925) reproduction de l'édition originale de 1913, également avec quelques corrections d'après Quint (J. A.-H.).

En vérité, si toutes choses étaient ainsi égales pour toi, personne ne ferait obstacle à ce que Dieu te soit présent.

Comment la volonté peut tout et comment toutes les vertus résident dans la volonté pourvu qu'elle soit droite.

... Rien ne te manquera si tu possèdes une volonté vraie et droite : ni l'amour, ni l'humilité, ni aucune vertu. Mais ce que tu veux fortement et de toute ta volonté, tu le possèdes, et ni Dieu ni aucune créature ne peut te l'enlever, pourvu que ta volonté soit entière et véritablement divine, et appliquée au présent. Non pas, par conséquent : « Je voudrais bien... » — ce serait encore pour l'avenir — mais : « Je veux qu'il en soit ainsi maintenant. » Or, note-le bien, une chose fût-elle éloignée de plus de mille lieues, si je veux l'avoir, je la possède plus véritablement que ce qui est posé sur mes genoux et que je ne veux pas.

La bonne disposition ne porte pas moins fortement au bien que la malice au mal. Vois : même si je n'accomplissais aucune mauvaise action ayant la volonté de faire le mal, j'en porte le péché comme si j'avais commis cet acte. Et je pourrais, dans cette pleine volonté, commettre un aussi grand péché que si j'avais tué le monde entier, quoique je n'aie absolument rien fait. Pourquoi n'en serait-il pas ainsi de la bonne volonté ? Il en est ainsi, et incomparablement plus encore.

En vérité, avec la volonté je peux tout. Je peux porter la peine de tous les hommes, nourrir tous les pauvres, accomplir toutes les œuvres de tous les hommes, et tout ce que tu peux imaginer. Si ce n'est pas la volonté qui te fait défaut, mais uniquement la possibilité de le faire, en vérité, devant Dieu tu as accompli tout cela et personne ne peut te l'enlever ni le contester un seul instant ; car vouloir faire dès que j'en aurai la possibilité, et avoir fait, c'est la même chose devant Dieu.

... Or tu aimerais savoir quand la volonté est une volonté droite.

La volonté est parfaite et droite quand elle s'est totalement désappropriée, dépouillée d'elle-même, modelée et formée sur la volonté de Dieu. Oui, plus il en est ainsi, plus la volonté est droite et vraie. Et dans cette volonté, tu peux tout, amour ou quoi que tu veuilles.

Tu demandes : « Comment posséderais-je l'amour puisque

je ne le ressens pas, n'en constate pas la présence, ainsi qu'il se manifeste en tant de personnes qui accomplissent de grandes œuvres, en qui je remarque une grande dévotion et des choses extraordinaires qui me sont étrangères ? »

Remarque ici que l'amour a deux propriétés : l'une est l'essence de l'amour, l'autre est son opération, la manifestation de son essence. Le siège de l'amour est uniquement dans la volonté ; celui qui a plus de volonté a aussi plus d'amour. Mais qui en a plus que l'autre, nul ne le sait de l'autre ; c'est caché dans l'âme parce que Dieu est caché au fond de l'âme...

Mais voici l'autre propriété : la manifestation et l'opération de l'amour. Elle est visible sous forme de ferveur, de piété, de jubilation, et pourtant ce n'est pas toujours ce qui vaut le mieux, car parfois ce n'est pas l'amour, c'est peut-être la nature qui produit ces goûts et cette douceur ; ce peut être une impression du ciel, ce peut être aussi un effet des sens, et ceux qui les éprouvent davantage ne sont pas toujours les meilleurs. Car même à supposer que ces goûts viennent réellement de Dieu, Notre-Seigneur les accorde à de telles personnes pour les attirer, les stimuler ou les amener à un grand détachement des autres. Mais il arrive fréquemment que ces mêmes personnes, lorsqu'elles acquièrent ensuite plus d'amour, n'éprouvent plus autant de sentiments et d'émotions et leur amour apparaît vraiment lorsque, en une telle privation, elles gardent à Dieu une fidélité totale et constante.

Or même si tout cela était l'amour plein et total ce n'est point encore le meilleur, et voici comment on s'en rend compte. On doit parfois abandonner par amour de tels transports pour quelque chose de meilleur, ou parfois pour accomplir une œuvre d'amour spirituelle ou matérielle lorsqu'elle est nécessaire. Je l'ai déjà dit bien des fois : si quelqu'un était dans un ravissement comme saint Paul et savait qu'un malade attend qu'il lui porte un peu de soupe, je tiendrais pour bien préférable que, par amour, tu sortes de ton ravissement et serves le nécessiteux dans un plus grand amour.

L'homme ne doit pas s'imaginer qu'il est ainsi privé de grâce, car ce que l'homme abandonne volontairement par amour lui est rendu avec bien plus de noblesse, ainsi que le Christ l'a dit : « Celui qui abandonne quelque chose pour moi recevra le centuple. » Oui, en vérité, ce que l'homme abandonne et à quoi il renonce pour Dieu — oui, même s'il désire vivement éprouver tant de consolations et de ferveur, s'il fait ce qu'il peut dans cette intention et que Dieu ne les lui donne pas, s'il s'en console et y renonce volontiers pour Dieu, en vérité, il les retrouvera en Dieu... Il le retrouvera au centuple...

Qu'il faille parfois abandonner par amour de tels sentiments, c'est ce que nous montre Paul, qui avait tant d'amour, lorsqu'il dit : « J'ai souhaité d'être séparé du Christ pour l'amour de mes frères. » Voici comment il l'entend : non pas du premier mode d'amour, car pour rien de ce qui peut arriver au ciel et sur la terre il ne voudrait en être un instant séparé. Il veut parler de la consolation.

Mais sache que les amis de Dieu ne sont jamais sans consolation, car ce que Dieu veut est leur consolation suprême, que ce soit consolation ou absence de consolation.

Instructions spirituelles *d'Eckhart, manuscrit de Karlsruhe :*
« Si quelqu'un était dans un ravissement comme saint Paul et savait qu'un malade attend qu'il lui porte un peu de soupe... » (à partir de la 6e ligne)

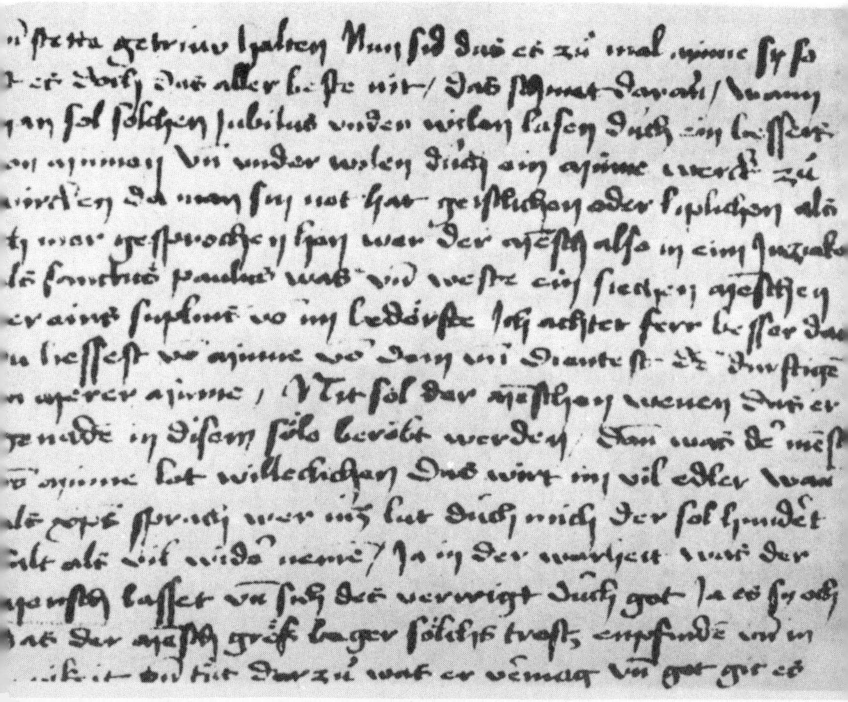

Qu'il faut recevoir souvent le corps de Notre-Seigneur, de quelle manière et avec quelle dévotion.

Celui qui voudrait recevoir le corps de Notre-Seigneur ne doit pas examiner ce qu'il ressent ou éprouve, ou quelles sont sa ferveur et sa dévotion, mais il doit examiner sa volonté et son intention. N'attache pas tant d'importance à ce que tu éprouves, mais bien à ton amour et à tes dispositions.

Celui qui veut et souhaite aller librement à Notre-Seigneur doit d'abord trouver sa conscience libre de tout reproche de péché. Il faut aussi que sa volonté soit tournée vers Dieu, qu'il n'ait d'intention et de désir que de Dieu et des choses de Dieu, et qu'il éprouve du déplaisir en tout ce qui est étranger à Dieu. Car il jugera qu'il est loin ou près de Dieu selon qu'il est plus ou moins dans ces dispositions. Il faut en troisième lieu que son amour pour le sacrement et pour Notre-Seigneur augmente sans cesse par là et que son respect ne soit pas amoindri du fait qu'il s'en approche fréquemment. Car souvent ce qui est la vie de l'un est la mort de l'autre. C'est pourquoi examine si ton amour pour Dieu augmente et si ton respect ne s'éteint pas. Plus alors tu t'approcheras du sacrement, meilleur tu deviendras, plus tu en retireras de bienfait et de profit. Ne te laisse donc pas détourner de ton Dieu par des paroles et des sermons.

... Tu pourrais dire : « Ah ! Seigneur, je ne vois pas en moi de grandes choses, mais rien que pauvreté. Comment oserais-je donc aller vers lui ? »

En vérité, si tu veux transformer complètement ta pauvreté, va vers le trésor abondant de la richesse infinie et tu deviendras riche, car sois bien persuadé qu'il est seul le trésor qui peut te suffire et te rassasier. C'est pourquoi dis : « J'irai vers toi pour que ta richesse comble ma pauvreté, pour que toute ton immensité comble mon indigence, pour que ta déité infinie, inconcevable, comble mon humanité par trop misérable et corrompue. »

« Ah ! Seigneur ! j'ai beaucoup péché, je ne peux pas expier ! »

Va donc vers lui ; il a dignement expié toute faute. En lui tu peux offrir au Père céleste la digne offrande pour toutes tes fautes.

« Ah ! Seigneur, j'aimerais faire entendre un chant de louanges et je ne le puis. »

« Va vers le trésor de la richesse infinie... »
(Chartres, XIIIe siècle.)

Va vers lui, lui seul est la reconnaissance que le Père puisse accueillir, la louange infinie, véritable et parfaite de toute la divine bonté. En un mot, si tu veux que toutes tes infirmités te soient complètement retirées et enlevées pour se revêtir de vertus et de grâces, dirigées et ramenées merveilleusement vers leur origine avec toutes les vertus et toutes les grâces, applique-toi à recevoir le sacrement dignement et souvent : ainsi tu seras uni à lui et ennobli par son corps.

Oui, dans le corps de Notre-Seigneur, l'âme est si intimement unie à Dieu que tous les anges, chérubins ou séraphins, ne peuvent reconnaître ni trouver de différence entre eux deux, car où ils touchent Dieu, ils touchent l'âme, et où ils touchent l'âme, ils touchent Dieu. Il n'y eut jamais union plus intime. Car l'âme est unie à Dieu beaucoup plus intimement que l'âme et le corps qui constituent l'homme. Cette union est bien plus intime que celle d'une goutte d'eau dans un vase plein de vin ; car il y aurait là eau et vin, mais eux sont tellement changés en un qu'aucune créature ne pourrait trouver la différence.

Tu pourrais dire : « Comment est-ce possible ? Je n'en ressens absolument rien. »

Qu'importe ? Moins tu as de sentiments et plus ta foi est grande, plus ta foi est louable, plus elle doit être appréciée et louée, car une foi totale est bien plus qu'une pensée humaine. En elle nous avons un véritable savoir. En vérité, rien ne nous manque qu'une vraie foi.

Des œuvres intérieures et des œuvres extérieures.

Il faut que l'homme apprenne à coopérer avec son Dieu.

Non qu'il faille s'échapper de son intérieur, ou s'en détacher, ou y renoncer, mais en lui, avec lui et par lui, on doit apprendre à agir en sorte que l'intériorité se manifeste dans l'opération extérieure, que l'on réintroduise l'opération extérieure dans l'intériorité et que l'on s'habitue à agir ainsi sans contrainte. Car on doit tourner son regard vers cette opération intérieure et agir à partir de là, que ce soit lire, prier, ou, s'il convient, accomplir des œuvres extérieures. Si l'œuvre extérieure trouble l'opération intérieure, que l'on suive la voie intérieure. Mais si les deux pouvaient être unies, ce serait la meilleure manière de coopérer avec Dieu.

Tu demandes : « Comment cette coopération peut-elle

« Va donc vers lui; il a dignement expié toute faute... »
(École allemande, XIVe siècle.)

avoir lieu lorsque l'homme s'est détaché de lui-même et de toutes les œuvres, et que, comme le dit saint Denys, celui-là parle le mieux de Dieu qui, à cause de la plénitude de la richesse intérieure, peut garder le plus total silence à son propos ? Là s'évanouissent images et opération, louange et reconnaissance et tout ce que l'homme pourrait accomplir. »

Je réponds : Une œuvre demeure qui lui revient en propre : l'anéantissement de lui-même. Et pourtant, si grand que soit cet anéantissement et cet amoindrissement de soi, il demeurera imparfait si Dieu ne l'accomplit en lui.

... « Ils sont devenus riches de toutes les vertus », est-il écrit. En vérité il ne peut en être ainsi avant que l'on soit devenu pauvre en toutes choses... C'est un marché honnête, un échange équitable, ainsi que je l'ai dit il y a longtemps. C'est pourquoi, Dieu voulant se donner lui-même à nous et nous donner toutes choses en franche propriété, il veut d'abord nous dépouiller complètement de tout bien propre. Oui, en vérité, Dieu ne veut absolument pas que nous possédions gros comme une poussière dans l'œil. Car tous les dons qu'il nous a jamais faits, dons de la nature et dons de la grâce, il ne nous les a jamais donnés qu'en voulant que nous ne les possédions pas en propre ; il n'a rien donné autrement ni à sa Mère, ni à personne, ni à aucune créature. Et afin de nous l'enseigner et de nous donner cet autre bien qu'il est lui-même, il nous enlève souvent biens corporels et biens spirituels, car ce n'est pas nous qui devons en avoir l'honneur, mais lui seul. Nous-mêmes devons posséder toutes choses comme si elles nous étaient prêtées, non données, sans aucune propriété, corps ou âme, sens, facultés, biens extérieurs, honneurs, amis, parents, maisons et terres, et toutes choses.

Quelle est donc l'intention de Dieu pour qu'il y veille avec tant de soin ?

C'est qu'il veut lui-même être seul et absolument notre bien. C'est ce qu'il désire, ce qu'il recherche, et il s'applique totalement à pouvoir et devoir l'être. Là résident ses plus grandes délices et sa joie, et plus il en est ainsi, plus ses délices et sa joie sont grandes. Or plus nous possédons en propre, moins nous le possédons lui, et moins nous avons d'amour pour toutes choses, plus nous le possédons avec tout ce qu'il peut donner. C'est pourquoi, lorsque Notre-Seigneur voulut parler de toutes les béatitudes, il mit la pauvreté spirituelle en tête de toutes les autres, comme signe que toute béatitude et toute perfection ont leur origine dans la pauvreté de l'esprit...

Si nous nous détachons de toutes les choses extérieures, Dieu nous donnera en échange tout ce qui est au ciel, et le ciel avec toute sa puissance, et même tout ce qui émana jamais de ce ciel.

... Il ne faut pas agir en considération d'une récompense, ni avoir le moins du monde en vue ce que l'on va gagner ou recevoir, mais uniquement l'amour de la vertu. Car plus on est dépouillé, plus on possède. Comme le dit saint Paul : « Nous devons posséder comme ne possédant pas et pourtant posséder toutes choses. » Il ne possède rien en propre, celui qui ne désire et ne veut rien, ni de lui-même, ni de tout ce qui est extérieur, ni même de Dieu, ni d'aucune chose...

... L'homme le meilleur est celui qui peut se passer de ce qui n'est pas indispensable. Celui qui peut renoncer à plus de choses et les dédaigner a donc le plus abandonné. Il semble que ce soit beaucoup de donner pour Dieu mille marcs d'or et de construire avec son bien des ermitages, des monastères, et de nourrir tous les pauvres. Ce serait une grande chose. Mais celui-là serait bien plus heureux s'il méprisait tout cela pour Dieu. L'homme posséderait véritablement le royaume des cieux si, pour Dieu, il pouvait renoncer à tout, quoi que Dieu lui donne ou ne lui donne pas.

Tu dis : « Oui, Seigneur, s'il n'y avait pas l'obstacle de mes défauts. » Si tu as des défauts, demande souvent à Dieu qu'il t'en délivre si c'est pour son honneur et s'il lui plaît ainsi, car sans lui tu ne peux rien. S'il t'en libère, remercie-le; s'il ne le fait pas, supporte-le pour lui, non plus comme la déficience d'un péché, mais comme une grande épreuve par laquelle tu dois mériter une récompense et pratiquer la patience. Sois satisfait, qu'il t'accorde ou non ses dons.

Il donne à chacun selon ce qui lui convient et vaut le mieux pour lui. Quand on taille un vêtement pour quelqu'un, on l'adapte à sa mesure et ce qui va bien à l'un n'irait pas du tout à l'autre... Ainsi, Dieu donne à chacun ce qui est préférable pour lui, connaissant le mieux ses besoins. En vérité, celui qui lui fait totalement confiance reçoit et possède autant dans la plus petite chose que dans la plus grande. Si Dieu me donnait ce qu'il donna à saint Paul, je l'accepterais volontiers s'il le voulait, mais puisqu'il ne veut pas me le donner — car il ne donne qu'à très peu de personnes de parvenir à une telle connaissance en cette vie — puisqu'il ne me le donne pas, je l'aime tout autant, je le remercie tout autant et je suis tout aussi satisfait d'en être privé que de le recevoir.

Benedictus deus et pater domini nostri ihesu christi. 2. cor. 1.

Der edel lerer sanctus paulus der spricht disiu wort also in siner epistel: Gesegenet si got vnd der vatter vnsers herren ihesu christi, ein vatter der barmherzikeit vnt got alles trostes der vns troestet in allem vnserm betruobnisse. Nu ist drier leije betruepnus die den menschen anvallet vnd truget in disem ellende. Eines ist an dem schaden usserliches guotes. Daz ander ist an sinen liebsten fruinden. Daz dritte ist an im selben an smachi, an ungemach vnt an siechen des libs vnd an leit des herzen.

Hervmb so han ich willen an disem buoch scriben etliche lere inder er [?] in troesten mag in allen sinem ungemach betrüpnus vnd leide. Diu [?] hat man etliche warheit darus vnd do von genomen wirt der den menschen billichen vnd gentzlichen getroesten mag in allem sinem leide. Darnach vindet man bi xxx sachen vnt lere inder iecliche alleine er der in wol getroesten mag. vnd darnach vindet man in dem dritten teile des buoches bilde vnt lere an worten vnt werken die wise liute hant getan vnd gesprochen als si warent in leide.

Von dem ersten sol man wissen daz der wise vnd wisheit war vnt warheit guot vnd guoti gerechtikeit vnd gerechter sich ein ander ansehent. Diu guoti ist nit gemachet noch geschaffen noch geboren. Si ist geberende vnt gebirt den guoten vnd der guote also verre als er guot ist ungemachet vngeschaffen vnd vnd doch geboren kint vnd sune der guoti. Diu guoti gebirt sich vnd alles daz si ist in dem guoten. wesene wissen minnen vnt

LE LIVRE DE LA CONSOLATION DIVINE

Le Livre de la consolation divine *ou* Benedictus deus, *appartient à la tradition des livres de consolation dont Boèce avait donné le modèle au début du* VIe *siècle. Eckhart le rédigea pour la reine de Hongrie. A la mort du roi André III* (1301), *sa jeune veuve Agnès — elle était née en* 1281 *— et Élisabeth, fille d'un précédent mariage du roi, avaient dû se réfugier à la cour de Vienne près du duc Albert d'Autriche, père d'Agnès. Empereur depuis* 1298, *Albert d'Autriche fut assassiné en* 1308 *par Jean, surnommé le Parricide, fils de son frère Rodolphe. C'est peut-être à cette date qu'Eckhart composa le traité, ou seulement plus tard quand Agnès perdit sa mère en* 1313.

On trouve déjà dans la première partie un de ses thèmes favoris : le rapport entre la Sagesse, qui est aussi la Bonté, la Vérité, la Justice increée, avec l'homme juste et bon. Par la grâce, elle engendre en lui le Fils et fait de lui un être absolument rénové, métaphysiquement nouveau : l'homme justifié de saint Paul, uni à elle, ou plutôt un avec elle. Tout ce que le juste opère désormais est l'œuvre même de la Justice éternelle.

... Il faut d'abord savoir que le sage et la Sagesse, l'homme vrai et la Vérité, le juste et la Justice, l'homme bon et la Bonté se rapportent l'un à l'autre et se comportent ainsi à l'égard l'un de l'autre : la Bonté n'est ni créée ni faite ni engendrée ; cependant elle est génératrice et engendre l'homme bon, et l'homme bon, dans la mesure où il est bon, n'est ni fait, ni créé, et cependant il est un enfant, un fils engendré par la Bonté. Dans l'homme bon, la Bonté s'engendre elle-même avec tout ce qu'elle est : être, savoir, amour et opération, elle répand tout en même temps dans l'homme bon, et l'homme bon reçoit tout son être, savoir, amour et opération, du cœur et de l'intériorité de la Bonté, et d'elle seule. L'homme bon et la Bonté ne sont rien qu'une seule bonté, absolument une, avec la différence que l'une engendre et que l'autre est engendré ; cependant, l'opération de la Bonté qui engendre et le fait pour l'homme bon d'être engendré ne constituent absolument qu'un être et une vie. Tout ce qui appartient à l'homme bon, il le reçoit de la Bonté, dans la Bonté. C'est là qu'il est, qu'il vit et qu'il demeure.

Commencement du Livre de la consolation divine *de Maître Eckhart. Manuscrit de Bâle, XIV*[e] *siècle.*

C'est là qu'il se connaît lui-même, ainsi que tout ce qu'il connaît, là qu'il aime tout ce qu'il aime, et il opère avec la Bonté et dans la Bonté, et la Bonté opère toutes ses œuvres avec lui et en lui selon qu'il est écrit. Le Fils dit : « Le Père qui demeure en moi accomplit lui-même les œuvres. » « Mon Père agit jusqu'à présent et j'agis aussi. » « Tout ce qui est au Père m'appartient, et tout ce qui m'appartient appartient à mon Père, à lui qui donne et à moi qui reçois. »

Il faut en outre savoir ceci : lorsque nous disons « bon », le nom, le mot ne signifie et ne renferme pas autre chose, rien de moins et rien de plus, que la simple et pure Bonté ; cependant le Bien se donne. Lorsque nous disons d'un être qu'il est bon, nous entendons par là que la bonté lui est donnée, est innée en lui, infusée par la Bonté incréée. C'est pourquoi l'Évangile dit : « De même que le Père a la vie en lui, il a donné au Fils d'avoir aussi la vie en lui-même. » Il dit « en lui-même » et non pas « par lui-même », car c'est le Père qui la lui a donnée.

Or tout ce que je dis de l'homme bon et de la Bonté est également vrai pour l'homme vrai et la Vérité, pour le juste et la Justice, pour le sage et pour la Sagesse, pour le Fils de Dieu et pour Dieu le Père, pour tout ce qui est né de Dieu et qui n'a pas de père sur la terre, en qui non plus rien ne s'engendre de créé ni de tout ce qui n'est pas Dieu, en qui il n'y a pas d'autre image que le Dieu pur et simple. Car saint Jean dit dans son Évangile « qu'il a donné le pouvoir de devenir fils de Dieu à ceux qui ne sont pas nés du sang ni de la volonté charnelle, ni de la volonté de l'homme, mais qui sont nés uniquement de Dieu ».

Par « sang », il entend tout ce qui, dans l'homme, n'est pas soumis à la volonté de l'homme. Par « volonté de la chair », il entend tout ce qui, dans l'homme, est soumis à sa volonté, mais avec une rébellion, une révolte qui incline aux désirs de la chair, qui appartient en même temps à l'âme et au corps et qui ne se situe pas uniquement dans l'âme ; en conséquence, ces puissances de l'âme s'épuisent, s'affaiblissent et déclinent. Par « volonté de l'homme », saint Jean entend les plus hautes puissances de l'âme dont la nature et l'opération sont sans mélange de la chair, qui se situent dans la pureté de l'âme, retranchées du temps et de l'espace et de tout ce qui fait encore confiance ou trouve quelque goût au temps et à l'espace ; qui n'ont rien de commun avec quoi que ce soit et dans lesquelles l'homme est formé à l'image de Dieu, est de la race de Dieu et de la parenté de Dieu. Et cependant, comme elles ne sont pas Dieu lui-même et qu'elles sont créées dans l'âme et avec l'âme, il faut qu'elles soient détachées d'elles-mêmes, transformées en Dieu seul, engendrées en Dieu et par Dieu, afin que Dieu seul soit leur Père, car c'est ainsi qu'elles sont aussi nées de Dieu et le Fils unique de Dieu. Car je suis le fils de ce qui me forme et m'engendre, sembable à lui-même et en lui-même. Dans la mesure où un tel homme, fils de Dieu, bon en qualité de fils de la Bonté, juste en qualité de fils de la Justice, est uniquement son fils, elle engendre sans être engendrée et le fils qu'elle engendre a le même être que la Justice, et il entre en possession de tout ce qui appartient à la Justice et à la Vérité.

En tout cet enseignement qui est écrit dans le saint Évangile et reconnu avec certitude par la lumière naturelle de l'âme raisonnable, l'homme trouve la vraie consolation pour toute sa souffrance.

Saint Augustin dit : Pour Dieu, rien n'est lointain ni long. Si tu veux que rien ne soit pour toi lointain ou long, soumets-toi à Dieu, car alors mille années sont comme le jour qui passe. De même je dis : En Dieu il n'y a ni tristesse, ni souffrance, ni tribulation. Si tu veux être libéré de toute tribulation et de toute souffrance, attache-toi à Dieu, tourne-toi purement et uniquement vers Dieu. Certainement, toute souffrance vient seulement de ce que ton désir ne te porte pas uniquement en Dieu et vers Dieu. Si tu étais exclusivement formé et engendré par la Justice, en vérité, rien ne pourrait te causer une souffrance, pas plus que la justice ne peut faire souffrir Dieu lui-même... C'est pourquoi il faut que l'homme s'applique beaucoup à se détacher de lui-même et de toutes les créatures et ne connaisse d'autre Père que Dieu seul. Ainsi, rien ne peut le faire souffrir ni l'affliger, ni Dieu ni la créature, ni rien de créé ou d'incréé, et tout son être, vie, connaissance, savoir et amour, est de Dieu, et en Dieu, et Dieu.

La consolation dont Eckhart a précédemment parlé, toute métaphysique, s'adresse aux plus hautes régions de l'âme. Eckhart sait bien que le cœur de chair continue à souffrir. Dans son sermon sur Marthe et Marie, il évoque le Christ « triste jusqu'à la mort ». C'est pourquoi je dis : Il n'y eut et il n'y aura jamais de saint à qui la peine n'ait pas fait mal et que la joie n'ait pas réjoui. *En dépit des mouvements de la sensibilité, l'âme cependant peut rester unie par son sommet à la volonté divine.*

Pour l'y aider, Eckhart indique dans une seconde partie « environ trente motifs de consolation » dont la spiritualité reste très haute, il va sans dire, mais plus accordée aux difficultés intérieures de la nature en marche vers la perfection.

Voici quelques passages de cette seconde partie.

... Il y a encore autre chose qui doit consoler l'homme. S'il est malade et que son corps le fasse beaucoup souffrir, il a pourtant sa maison et tout ce dont il a besoin : nourriture et boisson, conseil des médecins, service de ses domestiques, compassion et assistance de ses amis [1]. Comment devrait-il se comporter ? Comment font les pauvres gens qui subissent la même chose, ou des maladies et des misères plus grandes, sans avoir personne pour leur donner même de l'eau fraîche ? Il leur faut chercher leur pain sec de maison en maison dans la pluie, la neige et le froid. C'est pourquoi, si tu veux être consolée, oublie ceux qui ont leurs aises et souviens-toi toujours de tous ceux qui sont en plus pitoyable état.

Je dis en outre : toute souffrance vient de l'attachement et de l'amour. Si donc je souffre au sujet de choses éphémères, c'est que mon cœur aime et chérit encore les choses éphémères, que je ne suis pas encore attaché à Dieu de tout mon cœur et n'aime pas encore ce que Dieu veut que j'aime en même temps que lui. Quoi d'étonnant, donc, si Dieu permet que je subisse justement préjudice et souffrance ?

Saint Augustin dit : « Seigneur, je ne voulais pas te perdre, mais je voulais en mon avidité posséder les créatures en même temps que toi ; et c'est pourquoi je t'ai perdu, car toi, qui es vérité, tu ne tolères pas que l'on possède en même temps que toi la perfidie et le mensonge des créatures. » Il dit ailleurs que celui-là est trop avide à qui Dieu ne suffit pas. Et ailleurs encore : « Comment les dons de Dieu dans les créatures pourraient-ils satisfaire celui à qui Dieu lui-même ne suffit pas ? » Tout ce qui est étranger à Dieu, différent de Dieu, et qui n'est pas uniquement Dieu lui-même, doit être pour un homme bon non pas une consolation, mais une peine.

---

1. On n'a pas oublié que le traité d'Eckhart est initialement destiné à une très grande princesse, veuve d'un roi.

... Je parle maintenant d'autre chose. Ne peut être un homme bon celui qui ne veut pas ce que Dieu veut particulièrement, car il est impossible que Dieu veuille autre chose que le bien, et du fait que Dieu le veut, il faut nécessairement que ce soit bon et ce qu'il y a de meilleur. Et c'est pourquoi Notre-Seigneur a enseigné aux apôtres, et à nous-mêmes par eux, à demander tous les jours que la volonté de Dieu soit faite. Et pourtant, lorsque la volonté de Dieu s'accomplit, nous nous plaignons.

Sénèque, un maître païen, demande : Quelle est la meilleure consolation dans la souffrance et la tribulation ? Et il répond : C'est que l'homme prenne toutes choses comme s'il les avait souhaitées et demandées. Car tu les aurais souhaitées si tu savais que toutes choses arrivent par la volonté, avec la volonté et dans la volonté de Dieu. Un maître païen dit : O Maître et Père suprême, Souverain des cieux, je suis prêt à tout ce que tu veux. Donne-moi la volonté de vouloir selon ta volonté.

Un homme bon doit faire confiance à Dieu, croire, être certain, savoir que Dieu est si bon qu'il est impossible à Dieu, à sa bonté et à son amour, de tolérer que l'homme éprouve une souffrance, si ce n'est pour lui en épargner une plus grande, ou lui donner plus de consolation sur la terre, ou en tirer un bien plus grand où l'honneur de Dieu apparaîtra davantage et plus manifestement. Quoi qu'il en soit, du seul fait que Dieu le veut ainsi, la volonté de l'homme bon doit être tellement une et unie avec la volonté de Dieu, qu'il veut ce que Dieu veut, même si c'était son préjudice, voire sa damnation. C'est pourquoi saint Paul souhaitait d'être séparé de Dieu pour Dieu, et par la volonté de Dieu, et pour l'honneur de Dieu.

... L'homme doit penser aussi, dans sa souffrance, que Dieu dit la vérité et fait des promesses au nom de lui-même, qui est vérité. Si Dieu manquait à sa Parole, sa vérité, il manquerait à sa divinité et ne serait pas Dieu, car il est sa Parole et sa vérité. Or il nous dit que notre souffrance sera changée en joie. Si j'étais sûr, en vérité, que toutes mes pierres seront changées en or, plus j'aurais de pierres et plus elles seraient grosses, plus je serais content...

Encore une autre consolation semblable. Aucun récipient ne peut contenir deux sortes de boisson. S'il doit contenir du vin, il faut nécessairement qu'on enlève l'eau. Il faut qu'il soit nu et vide. C'est pourquoi, si tu veux recevoir la joie divine et Dieu, il faut nécessairement que tu rejettes les créatures... Plus les puissances de l'âme sont parfaites et dépouillées, plus elles reçoivent parfaitement et abondamment ce qu'elles accueillent ; plus elles reçoivent, plus leur joie est grande, plus elles font un avec ce qu'elles reçoivent, en sorte que la puissance supérieure de l'âme, qui est dépouillée de toute chose et n'a rien de commun avec quoi que ce soit, n'accueille rien de moins que Dieu lui-même dans l'abondance et la plénitude de l'être. Et les maîtres affirment que cette union, ce flux et cette félicité ne peuvent se comparer à aucune joie, à aucune félicité. C'est pourquoi Notre-Seigneur fait bien remarquer dans l'Évangile : « Heureux sont les pauvres en esprit. » Pauvre est celui qui n'a rien. Pauvre en esprit, c'est-à-dire : de même que l'œil est pauvre, vide de toute couleur et réceptif à toute couleur, de même celui qui est pauvre en esprit est réceptif à tout esprit. Or Dieu est l'Esprit des esprits. Le fruit de l'Esprit est l'amour, la joie et la paix. Être dépouillé, pauvre, ne rien avoir, être vide, transforme la nature. Le vide fait monter l'eau au sommet des montagnes et opère bien d'autres merveilles dont il ne sera pas parlé maintenant.

C'est pourquoi, si tu veux avoir et trouver pleine joie et pleine consolation en Dieu, veille à être dépouillée de toutes les créatures, de toute consolation venant des créatures. Car certainement, tout le temps que la créature te console et peut te consoler, tu ne trouveras jamais de vraie consolation. Mais lorsque rien ne peut te consoler que Dieu, en vérité, Dieu te consolera et en même temps que lui et en lui, tout ce qui donne la joie. Si ce qui n'est pas Dieu te console, tu n'auras de consolation nulle part, mais si la créature ne te console pas et que tu n'y trouves pas de goût, tu trouveras partout la consolation.

... Encore autre chose qui peut consoler l'homme. Je suppose qu'une personne ait possédé honneur et bien-être pendant de longues années et qu'elle les perde maintenant par le dessein de Dieu ; elle doit faire un sage retour sur elle-même et remercier Dieu. C'est seulement quand elle se rend compte du préjudice et de l'ennui présents qu'elle sait quel privilège et quel bien-être elle avait auparavant. Elle doit donc sans colère remercier Dieu pour le bien-être qu'elle a possédé si longtemps, sans se rendre compte des avantages dont elle jouissait. Elle doit penser que, selon la vérité de sa nature, l'homme ne possède par lui-même que malice et infirmités. Tout ce qui est bon et bonté, Dieu le lui a prêté et non donné. Car celui qui connaît la vérité sait que Dieu, le Père céleste, donne tout ce bien au Fils et au Saint-Esprit. Mais à la créature il ne donne aucun bien, il le lui prête seulement... Je dis donc : Puisque tout ce que l'homme a de bon, de consolant et de temporel lui est prêté, qu'a-t-il à se plaindre quand celui qui le lui a prêté veut le reprendre ? Il doit remercier Dieu de le lui avoir prêté si longtemps, et le remercier aussi de ne pas lui reprendre en même temps tout ce qu'il lui a prêté ; ce serait pourtant juste que Dieu lui reprît tout ce qu'il lui a prêté, si l'homme est irrité parce que Dieu lui reprend une partie de ce qui n'a jamais été à lui, dont il n'a jamais été le maître. C'est pourquoi le prophète Jérémie dit avec raison au milieu de ses grandes souffrances et de ses lamentations : « C'est parce que Dieu a multiplié ses miséricordes que nous ne sommes pas complètement anéantis. » Si quelqu'un m'avait prêté son vêtement, sa pelisse et son manteau et qu'il me reprît son manteau en me laissant pour le froid son vêtement et sa pelisse, je devrais à juste titre le remercier beaucoup et être satisfait. Et il faut particulièrement reconnaître que j'ai grand tort d'être irrité et de me plaindre quand je perds quelque chose, car si je veux que le bien que j'ai me soit donné, et non prêté, c'est que je prétends être souverain, Fils de Dieu par nature et parfaitement, alors que je ne suis pas encore fils de Dieu par grâce...

... Il faut savoir aussi que, dans la nature, l'impression, l'influence de la nature supérieure et la plus élevée est plus délicieuse et plus délectable à tout être que sa propre nature et sa propre essence. Selon sa propre nature, l'eau descend vers la vallée et c'est là son mode d'être. Mais par l'impression, l'influence de la lune au ciel, elle dément et oublie sa nature propre, remonte vers les hauteurs, et cette émanation lui est beaucoup plus facile que sa descente. Par là, l'homme doit comprendre que, s'il était tel qu'il doit être, ce serait pour lui délices et joie d'abandonner sa volonté naturelle, de se renoncer et de sortir complètement de lui-même en tout ce que Dieu veut que l'homme souffre... C'est pourquoi, quand Notre-Seigneur dit : « Celui qui veut venir à moi, qu'il se renonce lui-même, qu'il soulève sa croix et qu'il me suive », ce n'est pas seulement un commandement, comme on le dit et le pense généralement, c'est une promesse, un enseignement divin qui montre à l'homme comment toutes ses peines, toutes ses œuvres, toute sa vie deviennent délectables et joyeuses, et c'est une récompense plus qu'un commandement. Car l'homme qui est ainsi fait a tout ce qu'il veut et ne veut rien de mal, et c'est la béatitude. C'est pourquoi Notre-Seigneur dit justement : « Heureux ceux qui souffrent pour la justice. »

Et lorsque le Fils, Notre-Seigneur, dit : « Qu'il se renonce lui-même, qu'il prenne sa croix et qu'il me suive », cela signifie : Deviens fils comme je suis Fils, né de Dieu, le même Un que je suis, puisant dans le sein et le cœur du Père où sont mon lieu et ma demeure. Le Fils dit encore : « Père, je veux que celui qui me suit et vient à moi soit là où je demeure. » Nul ne vient véritablement vers le Fils en tant que celui-ci est Fils, s'il ne devient lui-même fils, et nul n'est là où est le Fils, dans le sein et le cœur du Père, un dans l'Un, sinon celui qui est fils.

Le Père dit : « Je les conduirai dans le désert et je parlerai à leur cœur. » Cœur à cœur, un dans l'Un, voilà ce que Dieu aime. Dieu déteste tout ce qui est étranger, loin de cette unité. Dieu entraîne et attire à l'Unité. Toutes les créatures cherchent l'unité, même les plus basses, et les plus hautes la trouvent ; entraînées et transformées au-dessus de leur nature, elles cherchent l'un dans l'Un, l'Un en lui-même. C'est sans doute ce que veut dire le Fils : Dans la déité, Fils dans le Père, là où je suis doit être celui qui me sert, celui qui me suit, celui qui vient à moi.

... Il est encore une autre consolation. Saint Paul dit que Dieu châtie tous ceux qu'il prend et accueille comme fils. Il faut que l'on souffre si l'on veut devenir fils. Parce que le Fils de Dieu ne pouvait pas souffrir dans la déité et dans l'éternité, le Père céleste l'a envoyé dans le temps pour qu'il devienne homme et puisse souffrir. Si donc tu veux devenir fils de Dieu et ne pas souffrir, tu as absolument tort. Il est écrit au Livre de la Sagesse que Dieu éprouve et tente le juste, de même que l'on éprouve et rend l'or incandescent dans une fournaise. C'est un signe que le roi ou un prince fait confiance à un chevalier lorsqu'il l'envoie au combat. J'ai vu un seigneur qui, parfois, lorsqu'il avait accepté un homme parmi ses compagnons d'armes, l'envoyait dehors

« Le Père céleste l'a envoyé dans le temps pour qu'il devienne homme et puisse souffrir... »
École allemande, XIVe siècle.

la nuit, l'attaquait lui-même à cheval et combattait avec lui. Il arriva une fois qu'il manqua d'être tué par un homme qu'il voulait ainsi éprouver et il eut ensuite beaucoup plus d'affection qu'auparavant pour cet écuyer.

On lit que saint Antoine au désert eut une fois à subir particulièrement de grandes souffrances de la part des mauvais esprits. Lorsqu'il eut triomphé de cette tribulation, Notre-Seigneur lui apparut en personne, rempli de joie. Le saint homme dit alors : « Ah! cher Seigneur, où étais-tu alors que je me trouvais en si grande détresse? » Notre-Seigneur répondit : « J'étais ici comme j'y suis maintenant, mais je voulais, je souhaitais être témoin de ta piété. » L'argent ou l'or est sans doute pur, mais lorsqu'on veut en faire une coupe où le roi doit boire, on le met dans une fournaise beaucoup plus ardente. C'est pourquoi il est écrit des apôtres qu'ils se réjouissaient lorsqu'ils étaient trouvés dignes d'être méprisés et de souffrir pour Dieu.

Celui qui était Fils de Dieu par nature voulut devenir homme par grâce, afin de pouvoir souffrir pour toi, et tu veux devenir fils de Dieu, quitter ta nature humaine, afin de ne pas avoir à souffrir pour Dieu ni pour toi-même ?

Si l'homme voulait comprendre et se rappeler la grande joie qu'en vérité, Dieu lui-même éprouve selon son mode, ainsi que tous les anges et tous ceux qui connaissent et aiment Dieu, en voyant la patience de l'homme qui souffre pour Dieu tribulations et peines, en vérité, cela seul devrait suffire à le consoler. Un homme ne donne-t-il pas volontiers son bien, ne souffre-t-il pas des tribulations pour réjouir son ami et lui prouver son affection ?

Il faut penser aussi que si un homme avait un ami qui souffrît pour lui peines et tribulations, il serait bien juste que cet ami fût près de lui, le réconfortant par sa présence et par toutes les consolations qu'il pourrait lui apporter. C'est pourquoi, dans le psautier, Notre-Seigneur dit de l'homme bon qu'il est avec lui dans la souffrance.

Dans une troisième partie, Eckhart reprend et résume sa doctrine en la raidissant encore, dirait-on : plutot que de prier Dieu d'infléchir sa volonté dans le sens qui nous agrée, l'âme qui tend vers lui s'applique à soumettre sa volonté au vouloir divin. Une telle exigence fait un peu frémir ceux qui sont si loin d'une telle perfection, mais il est à peine besoin de souligner l'optimisme, l'absolue confiance en Dieu qui anime de tels textes.

On remarquera que, pour finir, Eckhart s'adresse déjà à d'éventuels détracteurs et défend contre eux sa doctrine.

On lit au Livre des Rois qu'un homme maudit le roi David et lui infligea de grands outrages. Un des amis de David lui dit alors qu'il voulait abattre ce méchant chien. Le roi répondit : « Non, car peut-être Dieu veut-il et va-t-il, par cet opprobre, me donner ce qui est le meilleur pour moi ».

On lit dans le livre des Pères du désert qu'un homme se plaignit à l'un d'eux de ses souffrances. Le Père répondit : « Veux-tu, mon fils, que je demande à Dieu de t'en délivrer ? » L'autre répondit : « Non, mon Père, car elles me sont salutaires, je le reconnais. Demande plutôt à Dieu de me donner sa grâce, afin que je souffre de bon gré. »

On demandait un jour à un malade pourquoi il ne priait pas Dieu de le guérir. L'homme dit que trois raisons l'en empêchaient. La première, c'est qu'il croyait être sûr que Dieu plein d'amour ne tolérerait jamais qu'il fût malade si ce n'était ce qui valait le mieux pour lui. La seconde raison, c'est que l'homme, s'il est bon, veut tout ce que Dieu veut et non pas que Dieu veuille ce que l'homme veut : ce serait un grand tort. C'est pourquoi, s'il veut que je sois malade — car s'il ne le voulait pas, je ne le serais pas — je ne dois pas souhaiter d'être bien portant. Car sans aucun doute, s'il se pouvait que Dieu me rendît la santé contre sa volonté, il ne me serait ni précieux, ni agréable d'être bien portant. Le vouloir vient de l'amour, le non-vouloir vient du manque d'amour. Il est bien préférable, il est meilleur et plus utile pour moi que Dieu m'aime et que je sois malade, que de me bien porter et que Dieu ne m'aime pas. Ce que Dieu aime est quelque chose ; ce qu'il n'aime pas n'est rien, ainsi que le dit le Livre de la Sagesse. Ces paroles renferment aussi cette vérité que tout ce que Dieu veut est bon, précisément parce qu'il le veut. En vérité, pour employer une comparaison humaine : je préférerais qu'un homme riche et puissant, un roi, m'aimât et me laissât néanmoins un certain temps sans me faire un présent, plutôt que de me faire immédiatement un présent sans m'aimer sincèrement ; je préférerais que, par amour, il ne me donnât rien maintenant parce qu'il veut ensuite me faire des présents plus magnifiques et plus abondants. Et je suppose même que l'homme qui m'aime et ne me donne rien maintenant, n'ait pas l'intention de me donner quelque chose plus tard ; peut-être aura-t-il ensuite une meilleure intention et me donnera-t-il quelque chose. J'attendrai patiemment, d'autant plus que ses dons sont des grâces non méritées. Il est certain aussi que celui dont je n'apprécie pas l'amour, à la volonté de qui la mienne s'oppose, dont les dons m'importent uniquement, a bien raison de ne rien me donner, de me haïr même et de me laisser dans l'affliction.

La troisième raison pour laquelle il me semblerait indigne et désagréable de demander à Dieu la santé, c'est que je ne veux et ne dois pas prier le Dieu riche, plein d'amour et généreux, pour une chose si minime. Si j'avais fait cent ou deux cents lieues pour aller trouver le pape et que je lui dise ensuite en me présentant devant lui : Seigneur Saint-Père, j'ai fait à grands frais environ deux cents lieues de chemin difficile pour vous demander — et c'est la raison pour laquelle je suis venu vers vous — de me donner une fève, en vérité, lui-même et tous ceux qui m'entendraient auraient bien raison de dire que je suis un grand fou. Or c'est une vérité certaine que tout bien, et même toutes les créatures, sont par rapport à Dieu moins qu'une fève comparée à tout ce monde matériel. C'est pourquoi, si j'étais un homme bon et sage, je devrais avec raison refuser de demander à Dieu qu'il me rendît la santé.

A ce propos, je dis en outre : c'est le signe d'un cœur faible d'être joyeux ou triste en raison des choses éphémères de ce monde. On devrait en avoir honte dans son cœur devant Dieu, ses anges et les hommes si on le constatait en soi. On a tellement honte d'un défaut extérieur du visage que les gens voient. A quoi bon en dire davantage ? Les livres de l'Ancien et du Nouveau Testament, comme ceux des saints et ceux des païens, parlent abondamment de personnes pieuses qui, pour Dieu et aussi par vertu naturelle, ont donné leur vie et se sont volontiers renoncées.

Un maître païen, Socrate, dit que les vertus rendent possibles, voire faciles et agréables, les choses impossibles. Je n'oublie pas non plus que la sainte femme dont parle le Livre des Macchabées, fut un jour témoin des supplices inhumains, affreux et horribles que l'on fit subir à ses sept fils. Elle regardait, le cœur ferme, elle soutenait leur courage, les exhortait l'un après l'autre à ne pas avoir peur et à sacrifier de bon gré leur corps et leur âme pour la justice de Dieu.

C'est ici la fin de ce livre, mais j'ajouterai encore deux mots.

Le premier, c'est qu'en vérité, un homme bon et divin devrait avoir grandement honte de jamais se laisser ébranler par la souffrance lorsque nous voyons que, pour obtenir un petit bénéfice incertain, un marchand va souvent dans des pays si lointains, par des chemins si difficiles, traverse montagnes et vallées, contrées sauvages et océans, brave les brigands qui menacent sa vie et ses biens, se prive de manger, de boire et de dormir, subit d'autres vicissitudes et oublie cependant volontiers tout cela à cause de ce petit bénéfice incertain. Un chevalier risque dans un combat son bien, son corps et son âme pour un honneur éphémère et bien court, et il nous semble si considérable de souffrir un peu pour Dieu et pour la vie éternelle !

L'autre mot que j'ajouterai encore, c'est que bien des esprits grossiers diront que beaucoup de paroles que j'ai écrites dans ce livre et ailleurs ne sont pas vraies, mais je répondrai par ce que dit saint Augustin au premier livre de ses *Confessions*. Il dit que Dieu a déjà fait maintenant ce qui est encore à venir, même dans des milliers et des milliers d'années, à supposer que le monde dure encore si longtemps, et qu'il fera aujourd'hui encore tout ce qui est passé depuis des millénaires. Si quelqu'un ne comprend pas cela, qu'y puis-je ? Et ailleurs, il dit encore que celui-là s'aime trop évidemment lui-même qui veut aveugler les autres pour que sa propre cécité demeure cachée. Il me suffit que ce que je dis et écris soit vrai en moi-même et en Dieu. Celui qui voit un bâton enfoncé dans l'eau pense que le bâton est brisé alors qu'il est tout droit. La raison en est que l'eau est plus grossière que l'air ; pourtant le bâton est droit et non brisé, en lui-même aussi bien qu'aux yeux de celui qui le voit seulement dans la pureté de l'air.

Saint Augustin dit : « Celui qui, sans de multiples pensées, sans toutes sortes de représentations et d'images, reconnaît intérieurement ce qu'aucun regard extérieur n'a mis en lui, sait que ces choses sont vraies. Mais celui qui n'en sait rien, rit et se moque de moi ; et j'ai pitié de lui. Cependant, de telles gens prétendent contempler et goûter les choses éternelles et les œuvres divines, être dans la lumière de l'éternité, alors que leur cœur vole encore d'hier à demain. »

Un maître païen, Sénèque, dit que l'on doit parler des choses grandes et sublimes avec des pensées grandes et sublimes et une âme élevée. On dira aussi que l'on ne doit pas énoncer et écrire de telles doctrines pour les ignorants ; je réponds que, si l'on n'instruit pas les ignorants, personne ne sera jamais instruit, personne ne pourra enseigner ni écrire. Car on instruit les ignorants pour que, d'ignorants qu'ils étaient, ils deviennent des gens instruits. S'il n'y avait rien de nouveau, rien ne deviendrait caduc : « Ce ne sont pas les bien portants qui ont besoin de remèdes », dit Notre-Seigneur. Le médecin est là pour guérir les malades. Mais si quelqu'un comprend mal ces paroles, qu'y peut celui qui exprime justement ces paroles qui sont justes ? Saint Jean annonce le saint Évangile à tous les croyants et aussi à tous les incroyants pour qu'ils deviennent croyants ; pourtant, il commence l'Évangile par les choses les plus sublimes qu'un homme puisse dire de Dieu ici-bas ; c'est pourquoi aussi ses paroles, de même que celles de Notre-Seigneur, ont été souvent mal comprises.

Que le Dieu d'amour et de bonté, la vérité même, me donne, ainsi qu'à tous ceux qui liront ce livre, de trouver et de reconnaître en nous la vérité. Amen.

« Si l'on n'instruit pas les ignorants, personne ne sera jamais instruit... »
(Bible moralisée, XIIIe siècle.)

« Ainsi retenez cette parole :
Considérez et cherchez uniquement Dieu... »
(Bible moralisée, XIIIe siècle.)

SERMONS

Les sermons d'Eckhart traitent les thèmes que nous avons précédemment indiqués en parlant de sa mystique, avec une insistance que l'on pourrait presque qualifier de sublime monotonie, si les mêmes pensées ne prenaient un tour sans cesse nouveau par la vigueur du style et la spontanéité des images. Maître Eckhart est un des créateurs de la prose allemande et c'est ici que son style acquiert une saveur toute personnelle. Même à travers la traduction, on pourra remarquer la simplicité de son vocabulaire, ses répétitions constantes et ses outrances d'expression. Aucune recherche de l'effet, rien que le désir passionné de transmettre la vérité. Il était difficile de choisir parmi ces sermons. Ceux qui suivent dans leur teneur intégrale, sûrement authentiques, donneront une idée assez exacte de sa manière.

In hoc apparuit caritas dei in nobis (I Jean, IV, 9).

Saint Jean dit : « Voici comment l'amour de Dieu pour nous s'est manifesté : il a envoyé son Fils unique dans le monde, afin que nous vivions par lui et avec lui. » Et ainsi notre nature humaine est infiniment élevée, du fait que le Très-Haut est venu et a assumé la nature humaine.

Un maître dit : Quand je pense que notre nature est élevée au-dessus des créatures et se trouve au ciel au-dessus des anges, adorée par eux, je me réjouis du plus profond de mon cœur que Jésus-Christ, mon cher Seigneur, m'ait donné en propre tout ce qu'il possède en lui-même. Ce maître dit aussi que le Père, en tout ce qu'il a jamais donné à son Fils Jésus-Christ dans la nature humaine, m'a eu davantage en vue, m'a aimé plus que lui et me l'a donné plutôt qu'à lui. Comment cela ? Il le lui a donné à cause de moi et parce que cela m'était nécessaire. C'est pourquoi tout ce qu'il lui a donné était à mon intention et il me l'a donné tout comme à lui ; je n'en excepte rien, ni l'union, ni la sainteté de la déité, ni quoi que ce soit. Tout ce qu'il lui a jamais donné dans la nature humaine ne m'est pas plus étranger ni plus lointain qu'à lui [1], car Dieu ne peut pas donner peu de chose ; ou bien il doit tout donner, ou bien ne pas donner du tout. Son don est absolument simple et parfait, sans

1. On voit jusqu'où Eckhart a poussé la doctrine de la communion du juste à la personne et aux mérites du Christ. Ces dernières formules ont été condamnées dans la proposition 11 de la bulle.

Église du monastère des Cisterciennes « Mariengarten »,
à Cologne, où Eckhart a prêché.

partage et hors du temps, sans cesse dans l'éternité. Soyez-en aussi certaines que de mon existence. Pour recevoir ainsi de lui, il faut que nous soyons dans l'éternité, élevés au-dessus du temps. Dans l'éternité, toutes choses sont présentes. Ce qui est au-dessus de moi m'est aussi proche et aussi présent que ce qui est ici près de moi ; et là nous recevrons de Dieu ce que nous devons avoir de Dieu. Dieu ne connaît rien non plus d'extérieur à lui et son regard n'est fixé qu'en lui-même. Tout ce qu'il voit, il le voit en lui-même. C'est pourquoi Dieu ne nous voit pas quand nous sommes dans le péché. Dieu nous connaît donc dans la mesure où nous sommes en lui, c'est-à-dire dans la mesure où nous sommes sans péché. Et toutes les œuvres que Notre-Seigneur a jamais accomplies, il me les a tellement données en propre qu'elles ne sont pas moins méritoires pour moi que les œuvres que j'accomplis moi-même. Puisque toute sa noblesse nous appartient également à tous et est également à notre portée, à moi comme à lui, pourquoi n'en recevons-nous pas une part égale ? Ah ! comprenez-le ! Lorsque quelqu'un veut s'approprier ce don, recevoir pareillement ce bien et cette nature humaine commune qui est de la même façon à la portée de tous — de même qu'il n'y a dans la nature humaine rien d'étranger, de plus lointain ou de plus proche — il est nécessaire que tu te comportes avec la même égalité dans la communauté humaine, sans être plus proche de toi-même que d'un autre. Tu dois aimer tous les hommes comme toi-même, les estimer et les considérer de la même façon ; ce qui arrive à un autre, en bien ou en mal, il faut que tu le considères comme arrivant à toi-même.

Voici le deuxième sens : « Il l'envoya dans le monde. » Nous voulons par là entendre le monde sublime que contemplent les anges. Comment devons-nous être ? Nous devons être là avec tout notre amour et tout notre désir, comme le dit saint Augustin : Ce que l'homme aime, il le devient dans l'amour. Dirons-nous donc : Quand l'homme aime Dieu, il devient Dieu ? Il semble que ce soit un blasphème. Dans l'amour que l'on donne, il n'y a pas deux, mais un et union, et dans l'amour je suis plus Dieu que je ne suis en moi-même. Le prophète parle ainsi : « Je l'ai dit, vous êtes des dieux et les enfants du Très-Haut. » Il semble étrange que l'homme puisse de cette manière devenir Dieu dans l'amour; c'est cependant vrai dans l'éternelle vérité. Notre-Seigneur Jésus-Christ le montre.

« Il l'envoya dans le monde » « in mundum ». Selon une de ses significations, « mundum » veut dire pur. Prenez-y garde ! Dieu n'a pas de lieu qui soit plus particulièrement à lui qu'un cœur pur et une âme pure ; là, le Père engendre son Fils comme il l'engendre dans l'éternité, ni plus ni moins. Qu'est-ce qu'un cœur pur ? Est pur ce qui est détaché et séparé de toutes les créatures, car toutes les créatures souillent parce qu'elles sont néant. Car le néant est une déficience et souille l'âme. Toutes les créatures sont un pur néant [1] ; ni les anges ni les créatures ne sont quelque chose. Elles souillent, car elles sont faites de rien. Elles sont et n'étaient rien. Tout ce qui est contraire aux créatures et leur cause des vicissitudes, c'est la négation de l'être. Si je posais un charbon ardent dans ma main, j'aurais mal. Cela vient uniquement de la négation [2], et si nous étions libérés de la négation, nous ne serions pas impurs.

Et maintenant : « nous vivons en lui », avec lui. Il n'est rien que l'on désire autant que la vie. Qu'est-ce que ma vie ? Ce qui, de l'intérieur, est mû par soi-même. Ce qui est mû de l'extérieur ne vit pas. Si donc nous vivons avec lui, nous devons aussi coopérer en lui de l'intérieur et non pas opérer mus de l'extérieur ; nous devons bien plutôt être mus par ce qui nous fait vivre, c'est-à-dire par lui. Or nous pouvons et devons agir en opérant de l'intérieur à partir de ce qui nous est propre. Si donc nous devons vivre en lui ou par lui, il faut qu'il soit notre bien propre et que nous opérions par ce bien propre ; de même donc que Dieu accomplit toutes choses par son être propre et par lui-même, nous devons opérer par le bien propre qu'il est en nous. Il est absolument notre bien et toutes choses sont notre bien en lui. Tout ce que possèdent tous les anges et tous les saints et Notre-Dame m'appartient en lui et ne m'est pas plus étranger ni plus lointain que ce que je possède moi-même. Toutes choses m'appartiennent également en lui ; et pour que nous entrions en possession de ce bien et que toutes choses soient à nous, il faut que nous recevions Dieu également en toutes choses,

---

1. Proposition souvent répétée par Eckhart pour accentuer l'infinie transcendance de Dieu par rapport aux créatures, et déclarée suspecte par la bulle (26).

2. Parce que je « ne suis pas » de la nature du feu comme le charbon ardent.

pas plus dans l'une que dans l'autre, car il est le même en toutes choses.

On rencontre des personnes qui trouvent du goût à Dieu selon un certain mode, mais non pas selon l'autre ; elles veulent posséder Dieu uniquement par un certain mode de piété, non pas par l'autre. Je laisse faire, mais c'est une erreur totale. Pour accueillir Dieu comme on le doit, il faut l'accueillir également en toutes choses, dans les peines comme dans la satisfaction, dans les larmes comme dans la joie. En toutes choses, il doit être le même pour toi. Si tu n'as ni piété ni componction sans l'avoir provoqué par des péchés mortels, crois-tu que, du fait que tu n'as ni piété ni componction, tu n'as pas Dieu ? Si tu en souffres, c'est précisément là maintenant ta piété et ta componction. N'attachez donc pas trop d'importance à tel ou tel mode, car Dieu n'est en aucun mode, ni ceci ni cela. C'est pourquoi ceux qui accueillent Dieu ainsi se comportent mal envers lui. Ils accueillent le mode, et non pas Dieu. Ainsi, retenez cette parole : considérez et cherchez uniquement Dieu. Et soyez complètement satisfaites des modes qui se présentent. Car votre intention doit être appliquée seulement à Dieu, et à rien d'autre. Qu'ensuite vous aimiez ou n'aimiez pas telle chose, peu importe, et sachez qu'autrement vous êtes totalement dans l'erreur. Ils relèguent Dieu sous un banc, ceux qui se soucient tant des modes. Larmes, soupirs et beaucoup d'autres choses analogues, tout cela n'est pas Dieu. Si elles vous arrivent, acceptez-les et soyez satisfaites ; si elles ne se présentent pas, soyez encore satisfaites, acceptez ce que Dieu veut vous donner à ce moment-là, demeurez en tout temps dans un humble anéantissement et dans l'abaissement de vous-mêmes et il vous semblera toujours que vous êtes indignes de n'importe quel bien que Dieu pourrait vous accorder s'il le voulait. Ainsi se trouve expliqué le texte de saint Jean : « Voici comment l'amour de Dieu pour nous s'est manifesté. » Si nous étions ainsi, ce bien serait manifesté en nous. S'il nous est caché, nous en portons seuls la faute. Nous sommes la cause de tous nos obstacles. Garde-toi de toi-même, tu auras fait bonne garde. Et même si nous ne voulons pas prendre ce bien, il nous a pourtant choisis pour le posséder ; si nous ne le prenons pas, nous nous en repentirons et nous serons l'objet de grands reproches. Il dépend non de lui, mais de nous, que nous parvenions ou non là où ce bien est reçu.

Monastère des Dominicaines d'Unterlinden à Colmar.

Impletum est tempus Elisabeth (Luc, I, 57).

« Le temps d'Élisabeth fut accompli et elle mit au monde un fils. Jean est son nom. Alors les gens dirent : « Que sera donc cet enfant ? Car la main de Dieu est avec lui. » Il est écrit : Le don le plus grand est que nous soyons enfants de Dieu et qu'il engendre en nous son Fils. L'âme qui veut être l'enfant de Dieu ne doit rien engendrer en elle ; rien d'autre ne doit s'engendrer chez ceux en qui le Fils de Dieu doit naître. Le plus noble désir de Dieu est d'engendrer. Il n'est pas satisfait avant d'avoir engendré son Fils en nous. De même, l'âme n'est jamais satisfaite si le Fils de Dieu ne naît pas en elle. Et c'est alors que jaillit la grâce. La grâce y est infusée. La grâce n'opère pas, c'est son devenir qui est son opération. Elle s'écoule de l'essence de Dieu et se répand dans l'essence de l'âme, et non pas dans ses puissances.

Lorsque le temps fut accompli, Jean, « la grâce », naquit. Quand le temps est-il accompli ? Quand il n'y a plus de temps. Pour celui qui, dans le temps, a mis son cœur dans l'éternité, en qui toutes les choses temporelles sont mortes, c'est la plénitude du temps. J'ai dit un jour : Celui-là ne se réjouit pas en tout temps qui se réjouit dans le temps. Saint Paul dit : « En tout temps, réjouissez-vous en Dieu. » Celui qui se réjouit au-dessus du temps et hors du temps se réjouit en tout temps. Un texte dit : Trois choses sont un obstacle pour l'homme, en sorte qu'il ne peut reconnaître Dieu d'aucune manière. La première est le temps ; la seconde est tout ce qui se rattache au corps ; la troisième est la multiplicité. Tant que ces trois choses sont en moi, Dieu n'est pas en moi et n'opère pas véritablement en moi. Saint Augustin dit : C'est l'avidité de l'âme qui fait qu'elle veut saisir et posséder beaucoup de choses ; ainsi, elle cherche à s'emparer de ce qui touche au temps et au corps, et de la multiplicité ; par là, elle perd précisément ce qu'elle possède. Car tout le temps qu'il y a en toi plus et plus encore, Dieu ne peut ni habiter, ni opérer en toi. Toutes ces choses doivent sans cesse sortir pour que Dieu entre, à moins que tu ne les possèdes d'une manière plus haute et meilleure, la multiplicité étant en toi devenue l'unité. Plus il y a alors en toi de multiplicité, plus il y a d'unité, l'une s'étant transformée en l'autre.

J'ai dit un jour : L'unité unit toute multiplicité, mais la multiplicité n'unit pas l'unité. Lorsque nous sommes élevés au-dessus de toutes choses et que tout ce qui est en nous est porté en haut, rien ne pèse sur nous. Ce qui est au-dessous de moi ne pèse pas sur moi. Si je tendais uniquement vers Dieu, de sorte qu'il n'y ait que Dieu au-dessus de moi, rien ne me semblerait pénible et je ne serais pas si facilement affligé. Saint Augustin dit : Seigneur, lorsque je me penche vers toi, toute tristesse m'est enlevée, toute souffrance et toute peine. Lorsque nous avons dépassé le temps et les choses temporelles, nous sommes libres, toujours joyeux ; c'est alors la plénitude du temps ; alors le Fils de Dieu naît en toi. J'ai dit un jour : Lorsque les temps furent accomplis, Dieu envoya son Fils. Si autre chose que le Fils naît en toi, tu n'as pas le Saint-Esprit et la grâce n'opère pas en toi. L'origine du Saint-Esprit est le Fils. Si le Fils n'était pas, le Saint-Esprit non plus ne serait pas. Le Saint-Esprit ne peut avoir son émanation et son épanouissement que par le Fils. Où le Père engendre son Fils, il lui donne tout ce qu'il a dans son être et dans sa nature. Dans ce don jaillit le Saint-Esprit. Le désir de Dieu est aussi de se donner totalement à nous. Il en est de même quand le feu veut attirer en lui le bois et s'introduire en lui. Il trouve d'abord que le bois lui est dissemblable. C'est pourquoi du temps est nécessaire. D'abord il rend le bois chaud et brûlant, puis celui-ci fume et craque parce qu'il est différent du feu. Or plus le bois devient brûlant, plus il devient calme et tranquille ; plus il est pareil au feu, plus il s'apaise, jusqu'à ce qu'il soit lui-même totalement devenu feu. Pour que le feu puisse absorber le bois en lui-même, il faut que toute inégalité soit exclue.

Par la vérité qui est Dieu : si tu vises à autre chose qu'à Dieu ou si tu cherches autre chose que Dieu, l'œuvre que tu accomplis n'est ni ton œuvre ni, en vérité, l'œuvre de Dieu. Ce que recherche ton intention, dans ton œuvre, c'est l'œuvre. Ce qui opère en moi, c'est mon Père et je lui suis soumis. Il est impossible qu'il y ait deux pères dans la nature ; dans la nature il n'y a jamais qu'un seul père. Quand les autres choses sont sorties et qu'est arrivée la plénitude, cette naissance a lieu. La plénitude atteint toutes les extrémités et elle ne fait défaut nulle part ; elle a la largeur et la longueur, la hauteur et la profondeur. Si elle avait la hauteur, et non la largeur ni la longueur ni la profondeur, elle ne comblerait pas. Saint Paul dit : « Demandez de pouvoir comprendre avec tous les saints ce qu'est la largeur, la hauteur, la longueur et la profondeur. »

Ces trois mots désignent trois sortes de connaissance. L'une est la connaissance sensible : l'œil voit au loin les choses qui sont en dehors de lui. La deuxième, celle de la raison, est beaucoup plus haute. Par la troisième, on entend une noble puissance de l'âme, si haute et si noble qu'elle saisit Dieu dans la simplicité de son essence. Cette puissance n'a rien de commun avec quoi que ce soit ; de rien, elle fait quelque chose, et tout. Elle ne sait rien d'hier ni d'avant-hier, de demain ni d'après-demain, car dans l'éternité il n'y a ni hier, ni demain, seulement un instant présent ; ce qui fut voici mille ans et ce qui sera dans mille ans est présent, et de même ce qui est de l'autre côté de la mer. Cette puissance saisit Dieu dans sa nudité. Un texte dit : En lui, par lui et pour lui. En lui, c'est-à-dire dans le Père ; par lui c'est-à-dire dans le Fils ; pour lui, c'est-à-dire dans le Saint-Esprit. Saint Augustin prononce une parole qui semble absolument différente de celle-là et qui lui est pourtant toute semblable : Rien n'est la vérité qui ne renferme en soi toute vérité. Cette puissance saisit toutes choses dans la vérité. Pour cette puissance, rien n'est caché. Un texte dit que la tête des hommes doit être découverte et que celle des femmes doit être voilée. Les « femmes », ce sont les puissances inférieures qui doivent être voilées, mais « l'homme » est cette puissance qui doit être nue et découverte.

« Si tu cherches autre chose que Dieu... » Le fidèle de gauche ne pense qu'à Dieu dans sa prière. Celui de droite est encore tout attaché aux biens de ce monde. Manuscrit allemand, vers 1340.

« Que sera donc cet enfant ? » J'ai dit dernièrement devant quelques personnes qui sont peut-être présentes ici : Il n'y a rien de si caché qui ne doive être découvert. Tout ce qui est néant doit être enlevé et si caché qu'on ne doit même jamais plus y penser. Nous ne devons rien savoir du néant, nous ne devons rien avoir de commun avec le néant. Toutes les créatures sont un pur néant. Ce qui n'est ni ici ni là, où toutes les créatures sont oubliées, c'est la plénitude de tout l'être. J'ai dit alors : Rien en nous ne doit être couvert que nous ne devions découvrir totalement à Dieu et lui donner totalement. Où que nous nous trouvions, dans la fortune ou l'infortune, la joie ou la souffrance, quel que soit notre penchant, il nous faut nous en dépouiller. En vérité, si nous lui découvrons tout, il nous découvrira à son tour tout ce qu'il a et, en vérité, il ne recouvrira absolument rien de tout ce qu'il peut nous offrir : ni la sagesse, ni la vérité, ni l'intimité, ni la déité, ni quoi que ce soit. Ceci est pure vérité, aussi vrai que Dieu vit, dans la mesure où nous lui découvrons ce qui est à nous. Si nous ne le lui découvrons pas, il n'est pas étonnant qu'il ne nous découvre pas ce qui est à lui, car il faut qu'il y ait complète réciprocité : nous envers lui, lui envers nous.

Il faut déplorer que certaines personnes s'imaginent être très élevées et même en parfaite union avec Dieu, qui, cependant, ne se sont pas encore totalement renoncées et s'attachent encore à des choses minimes dans le plaisir ou dans la peine. Elles sont bien éloignées de ce qu'elles croient être. Elles visent à beaucoup et veulent beaucoup. J'ai dit une fois : Celui qui cherche le néant trouve le néant ; à qui peut-il s'en plaindre ? Il a trouvé ce qu'il cherchait. Celui qui cherche ou désire quelque chose cherche et désire le néant, et à celui qui demande quelque chose, le néant est donné. Mais à celui qui ne cherche et qui ne désire rien que Dieu seul, Dieu découvre et donne tout ce qu'il a caché dans son cœur divin, afin qu'il le possède en propre comme Dieu le possède en propre, ni plus ni moins, s'il recherche directement Dieu seul. Quoi d'étonnant si le malade ne trouve pas de goût aux aliments et au vin ? Il n'a pas le véritable goût du vin et des aliments. La langue a une épaisseur, un revêtement qui mêlent leur goût à celui-là et qui est amer selon la nature de la maladie. Les choses n'ont pas pu parvenir là où elles auraient eu de la saveur ; elles semblent amères au malade et il a raison, car l'épaisseur qui recouvre sa langue ne peut que les lui faire paraître amères. Tant que cette épaisseur n'est pas partie, rien n'a sa véritable saveur. Tout le temps que ce qui nous sépare de Dieu n'est pas écarté, nous ne goûtons pas Dieu tel qu'il est en soi et notre vie paraît souvent triste et amère.

J'ai dit un jour : Les vierges suivent immédiatement l'Agneau partout où il va. Il y a ici de telles vierges, et d'autres qui ne sont pas ainsi, alors qu'elles croient l'être. Les véritables vierges suivent l'Agneau partout où il va, dans la souffrance comme dans la joie. Certaines suivent l'Agneau dans la douceur ou l'agrément, mais lorsqu'il va dans la souffrance, la peine et la tribulation, elles s'en retournent et ne le suivent pas. En vérité, ce ne sont pas de véritables vierges, malgré les apparences. Quelques-unes disent : Seigneur, je vous suivrai dans l'honneur, l'abondance et la joie. En vérité ! si l'Agneau a vécu et nous a précédés comme il l'a fait, je trouve bon que vous le suiviez de la même manière. Les véritables vierges suivent l'Agneau par les chemins étroits ou larges et partout où il va.

Lorsque les temps furent accomplis, Jean naquit, c'est-à-dire la grâce. Dieu veuille permettre que toutes choses soient ainsi accomplies en nous, afin que la grâce divine naisse en nous. Amen.

Église des Dominicains de Colmar, XIIIe-XIVe siècles.

Homo quidam fecit cenam magnam... (Luc. XIV, 16.)

« Un homme donna un festin », un grand repas du soir. Celui qui donne un repas le matin invite toutes sortes de gens, mais pour le repas du soir, on convie des gens de marque, des personnes chères et des amis très intimes.

On célèbre aujourd'hui dans la chrétienté le jour de la Cène que Notre-Seigneur prépara à ses disciples, ses intimes amis, lorsqu'il leur donna son corps sacré en nourriture. C'est le premier point. Voici une seconde signification de la Cène. Avant que le soir arrive, il faut qu'il y ait un matin et midi. La lumière divine se lève dans l'âme et crée un matin ; l'âme monte dans la lumière, s'amplifie et s'élève jusqu'à midi, puis vient le soir. Nous parlerons maintenant du soir dans un autre sens. Lorsque la lumière décline, c'est le soir ; quand le monde entier se détache de l'âme, c'est le soir ; alors l'âme entre dans son repos. Or saint Grégoire dit de la Cène : Quand on mange le matin, un autre repas suit, mais après le repas du soir, il n'y en a pas d'autre. Quand, dans la Cène, l'âme goûte la nourriture et que l'étincelle de l'âme saisit la lumière divine, elle n'a plus besoin d'autre nourriture, elle ne cherche pas au dehors et se tient complètement dans la lumière divine. Saint Augustin dit : Seigneur, si tu te refuses à nous, donne-nous un autre toi-même ; nous ne trouvons de satisfaction en rien d'autre qu'en toi, car nous ne voulons que toi. Notre-Seigneur priva de lui ses disciples comme Dieu et comme homme et il se donna de nouveau à eux comme Dieu et comme homme, mais selon un autre mode et dans une autre forme. Il en est ainsi pour un objet sacré : on ne le laisse pas toucher ou voir sans voile, on l'enchâsse dans du cristal ou quelque autre matière. C'est ainsi que fit Notre-Seigneur lorsqu'il se donna en un autre soi-même. Dans la Cène, Dieu se donna en nourriture à ses chers amis avec tout ce qu'il est. Saint Augustin redoutait cette nourriture ; une voix lui dit alors en esprit : « Je suis l'aliment des adultes ; grandis, prends et mange ! Tu ne me transformeras pas en toi, c'est toi qui seras transformé en moi. » De la nourriture et de la boisson que j'ai absorbées voici quinze jours, une puissance de mon âme a pris le plus pur et le plus subtil, l'a introduit dans mon corps et l'a uni à tout ce qui est en moi, de sorte qu'il n'y a pas gros comme la pointe d'une aiguille qui ne s'y soit uni, devenant avec moi aussi véritablement un que ce que j'ai reçu dans le corps de ma mère lorsque la vie pénétra initialement en moi. La puissance du Saint-Esprit prend aussi véritablement ce qu'il y a de plus pur, de plus subtil et de plus élevé, l'étincelle de l'âme, et l'emporte tout en haut, dans le brasier, dans l'amour, ainsi qu'il en est de l'arbre : la puissance du soleil prend le plus pur et le plus subtil dans la racine de l'arbre et le fait monter jusqu'au rameau où il devient fleur. Absolument de la même manière, l'étincelle de l'âme est élevée dans la lumière et dans le Saint-Esprit, emportée de cette manière vers sa première origine ; elle devient ainsi totalement une avec Dieu, tend absolument à l'unité et est une avec Dieu plus véritablement que la nourriture avec mon corps, bien davantage même, dans la mesure où elle est plus pure et plus noble. C'est pourquoi il est parlé d' « un grand festin ». Or David dit : « Seigneur, qu'elle est grande, qu'elle est multiple, la douceur de la nourriture que tu tiens cachée pour ceux qui te craignent » ; et celui qui reçoit cette nourriture avec crainte n'en connaît jamais le véritable goût ; il faut la recevoir avec amour. C'est pourquoi une âme qui aime Dieu a sur Dieu un tel pouvoir qu'il faut qu'il se donne totalement à elle.

Saint Luc dit : « Un homme donna un grand festin. » Cet homme n'avait pas de nom, cet homme n'avait pas son pareil, cet homme, c'est Dieu. Dieu n'a pas de nom. Un maître païen dit qu'aucune langue n'est capable de prononcer un nom qui lui convienne, en raison de la grandeur et de la pureté de son être. Lorsque nous parlons de l'arbre, nous nous exprimons au moyen des choses qui sont au-dessus de lui, du soleil qui agit dans l'arbre. C'est pourquoi on ne peut pas véritablement parler de Dieu parce qu'il n'y a rien au-dessus de Dieu et que Dieu n'a pas de cause. En second lieu, nous parlons des choses par comparaison. C'est pourquoi on ne peut pas non plus véritablement parler de Dieu, rien n'étant semblable à lui. En troisième lieu, on s'exprime sur les choses au moyen de leurs opérations : lorsque l'on veut parler de l'art d'un maître, on parle de l'image qu'il a créée ; l'image révèle l'art du maître. Toutes les créatures sont trop infimes pour révéler Dieu : toutes ensemble sont néant comparées à lui. C'est pourquoi aucune créature n'est capable de prononcer un seul mot sur Dieu dans ses œuvres. Denys dit pour cette raison : Tous ceux qui veulent parler de Dieu ont tort, car ils n'énoncent rien sur lui. Ceux qui ne veulent rien dire de lui ont raison, car aucune parole ne peut exprimer Dieu ; mais il s'exprime lui-même en lui-même et c'est pourquoi David dit : « Nous verrons cette lumière dans ta lumière. » Luc dit : « un homme ». Il est un et il est un homme, et il n'est semblable à personne et il transcende tout.

Le maître envoya ses serviteurs. Saint Grégoire dit que ces serviteurs sont l'ordre des prêcheurs. Je parle d'un autre serviteur qui est l'ange. En outre, nous parlerons d'un serviteur dont j'ai déjà parlé, c'est la raison, à la périphérie de l'âme où elle touche à la nature de l'ange et est une image de Dieu. Dans cette lumière, l'âme a quelque chose de commun avec les anges et aussi avec les anges qui sont tombés en enfer, gardant pourtant la noblesse de leur nature. Cette étincelle est nue, dressée sans aucune souffrance dans l'être de Dieu. L'âme ressemble aussi aux bons anges qui opèrent continuellement en Dieu, reçoivent de Dieu, reportent toutes leurs opérations en Dieu et reçoivent Dieu de Dieu en Dieu. L'étincelle de la raison ressemble à ces bons anges, créée par Dieu sans intermédiaire, lumière transcendante, image de la nature divine et créée par Dieu. L'âme porte en soi cette lumière. Les maîtres disent qu'il y a dans l'âme une puissance qui se nomme syndérèse, mais il n'en est pas ainsi [1]. Car « syndérèse » [2] désigne quelque chose qui est en tout temps attaché à Dieu et ne veut jamais le mal. Même dans l'enfer, elle est inclinée au bien ; elle s'oppose dans l'âme à tout ce qui n'est pas pur ni divin et invite constamment à ce festin.

C'est pourquoi il est dit : « Il envoya ses serviteurs afin qu'ils viennent : Venez, tout est prêt. » Que nul ne demande ce qu'il reçoit dans le corps de Notre-Seigneur. L'étincelle, qui est prête à recevoir le corps de Notre-Seigneur, est sans cesse dans l'être de Dieu. Dieu se donne sans cesse à l'âme dans un permanent devenir. Non pas : « est devenu », ou « deviendra », mais toujours dans sa nouveauté et sa fraîcheur, comme en un devenir sans fin.

---

1. C'est-à-dire qu'elle n'est pas une « puissance », une faculté de l'âme.
2. « Syndérèse » désigne les principes premiers innés dans la conscience. Saint Thomas rattache la syndérèse à l'intelligence, saint Bonaventure à la volonté. Par une définition dont celle d'Eckhart est toute proche, saint Thomas la nomme « étincelle supérieure de la raison qui ne peut s'éteindre » (Sent. II, 39, q. 3, art. 1). Saint Bonaventure, comme saint Thomas, précise que c'est la syndérèse qui, chez les damnés, s'insurge contre la faute. (Sent. II, 39, art. 2, quaest. 2.)

C'est pourquoi il dit : « Tout est prêt. »

Or un maître[1] dit qu'il y a une puissance de l'âme au-dessus de l'œil, plus vaste que le monde entier et que le ciel. Cette puissance prend tout ce qui est apporté par les yeux et l'introduit dans l'âme. Un autre maître [2] le contredit : Non, frère, il n'en est pas ainsi. Tout ce qui est apporté par les sens dans cette puissance ne pénètre pas dans l'âme ; bien plutôt, l'âme est ainsi purifiée, préparée, rendue apte à recevoir dans sa pureté la lumière de l'ange et la lumière divine. C'est pourquoi il est dit : « Tout est prêt. »

Et ceux qui sont invités ne viennent pas. Le premier dit : « J'ai acheté une ferme, je ne peux pas venir. » Par là, il faut entendre tout ce qui est terrestre. Tout le temps que quoi que ce soit de terrestre adhère à l'âme, elle ne vient pas au festin. Le second dit : « J'ai acheté cinq paires de bœufs ; je ne peux pas venir, il faut que j'aille les voir. » Ces cinq paires de bœufs sont les cinq sens ; chacun a deux organes, ce sont les cinq paires. Tout le temps que l'âme est docile aux cinq sens, elle n'ira jamais à ce festin. Le troisième dit : « J'ai pris femme, je ne peux pas venir. » Je l'ai déjà dit souvent : Dans l'âme, l'homme, c'est la raison. Quand l'âme est tournée droit vers Dieu avec sa raison, c'est un homme ; elle est un et non pas deux ; mais quand l'âme se tourne vers les choses inférieures, c'est une femme. Par une pensée, un regard fixé en bas, elle revêt des habits de femme ; ceux-là non plus ne viennent pas au festin.

Notre-Seigneur prononce maintenant une parole de grand poids : « Je vous le dis en vérité, aucun de ceux-là ne goûtera jamais à mon festin. » Alors le maître dit : « Allez dans les chemins étroits et les larges chemins. » Plus l'âme s'est recueillie, plus elle est étroite, et plus elle est étroite, plus elle est vaste. « Allez le long des barrières et par les larges chemins. » Certaines puissances de l'âme sont entravées par la barrière des yeux et des autres sens. Les autres puissances sont libres, dégagées et non entravées par le corps. Ce sont elles qui font les invitations, qui invitent les pauvres, les aveugles, les paralytiques, les malades. Ceux-ci viendront au festin et personne d'autre. C'est pourquoi saint Luc dit : « Un homme avait fait un grand festin. » Cet homme est Dieu et n'a pas de nom. Que Dieu nous aide à venir à ce festin. Amen.

---

1. Aristote.
2. Platon et, après lui, saint Augustin.

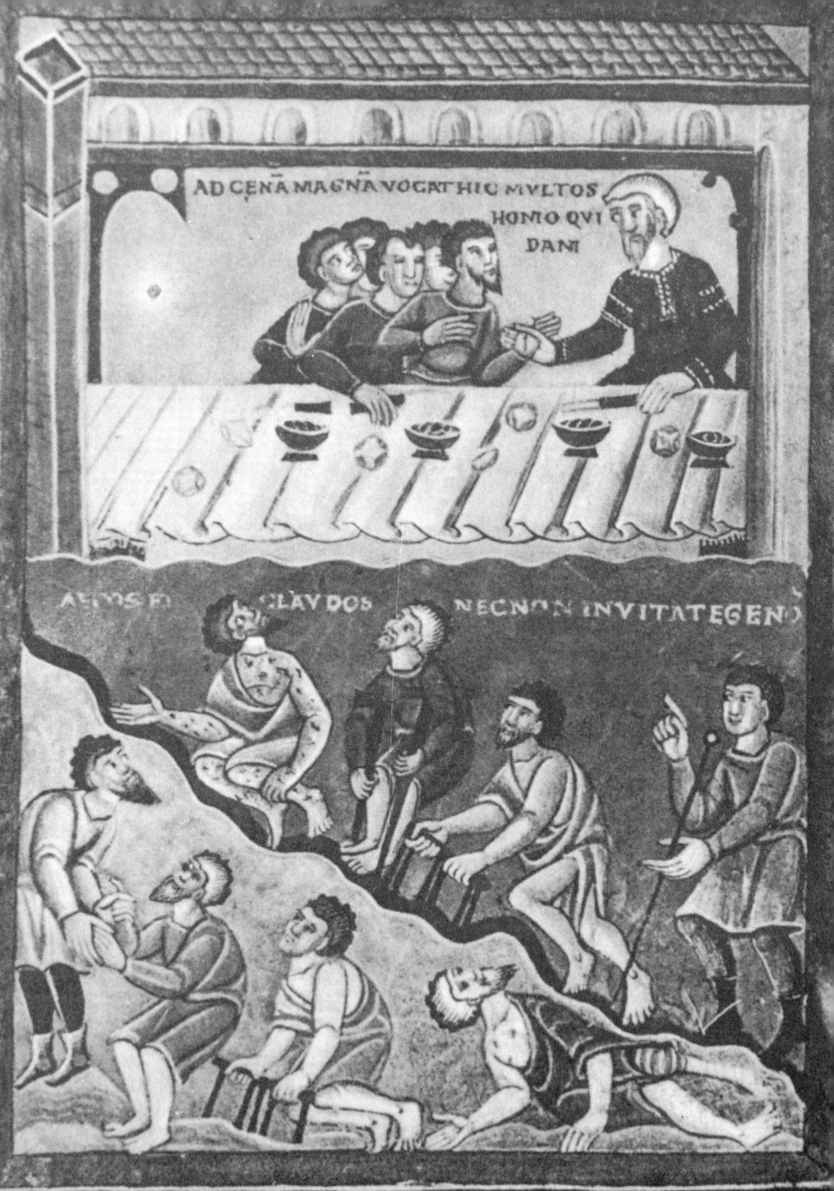

La parabole du festin (Luc, XIV, 16)

L'homme envoie ses serviteurs inviter ses amis. Ceux-ci s'étant récusés, il accueille à leur place les aveugles et les paralytiques.

dont le sermon d'Eckhart est le commentaire.

Les invités refusent de venir : le premier parce qu'il a acheté une ferme, le second parce qu'il a acheté cinq paires de bœufs, le troisième parce qu'il a pris femme.

Le procès de Maître Eckhart

Voici donc Maître Eckhart ayant dépassé le seuil de la vieillesse. Dans cette vaste province commise à ses soins, il a semé la parole divine, prêché, réconforté, invité l'âme à se renoncer pour trouver Dieu. On peut bien lui reprocher de ne guère traiter de l'humanité de Notre-Seigneur ou des vertus communes. Il s'adresse le plus souvent à des cloîtrées ou à des cercles restreints d'auditeurs. Les vérités de la foi qui appartiennent à tous les chrétiens sont l'atmosphère même de ces âmes. Il n'a pas besoin d'y revenir à tout instant, sachant que ni elles ni lui ne les oublient. Saint Paul n'a-t-il pas dit que chacun doit recevoir la nourriture spirituelle qui lui convient ? Ces moniales trop avides, peut-être, de consolations sensibles, de visions, d'extases, de grâces extraordinaires, il veut les persuader de l'unique nécessaire : la naissance spirituelle du Christ en nous. Mais quand, entraîné vers les hauteurs par son propre mouvement et celui de ces esprits, il parle devant un public plus vaste, certains prétendent « que l'on ne comprend rien à ses sermons ». A-t-il, ainsi qu'on le répète de plus en plus haut, transgressé les limites de la foi ?

En abordant le procès de Maître Eckhart, il convient d'abord de se rappeler que, si la nature humaine est toujours identique à elle-même avec sa pauvreté et ses faiblesses, elle se révèle plus tristement encore à une époque de malheur et de violence. Les passions politiques et religieuses se déchaînent, le pire et le meilleur entrent en jeu, brouillant les cartes, au point que la postérité aura du mal à s'y retrouver.

Peu après 1320, des troubles se sont produits dans la province dominicaine d'Allemagne. Il faut en chercher la cause profonde dans les événements qui, depuis 1314, divisent le pays en deux camps : partisans de Louis de Bavière et de Frédéric d'Autriche, plus tard et plus gravement ceux de ce même Louis et de Jean XXII, pape d'Avignon. Les actes des chapitres généraux signalent les graves sévices de deux Frères Prêcheurs de Strasbourg contre leur provincial. On cite également des révoltes d'étudiants. Dans l'ensemble, pourtant, alors que les Fraticelles, groupements religieux suspects d'hérésie, soutiennent tout naturellement l'empereur ennemi du pape, les Dominicains se montrent fidèles à celui-ci. Mais tout cela ne va pas sans hésitations et sans troubles, surtout au début, alors que la ligne de conduite n'est pas encore absolument fixée. Les chapitres généraux doivent veiller au maintien des bonnes mœurs et de la discipline.

Le chapitre général de Venise, en 1325, signale que la parole de certains Frères Prêcheurs allemands risque d'égarer leurs auditoires. S'agit-il de sympathies exprimées à l'égard de Louis de Bavière ? ou vraiment de doctrine ? Toujours est-il que le même chapitre nomme vicaire pour la province d'Allemagne, Gervais, prieur d'Angers, avec mission de veiller à la promulgation des bulles contre Louis de Bavière. Le 1er août 1325, Jean XXII désigne de son côté deux visiteurs dominicains, Benoît de Côme et Nicolas de Strasbourg, pour remédier aux abus. L'un et l'autre sont des hommes d'étude. Nicolas de Strasbourg a enseigné à Cologne ; il a même composé une Somme philosophique où il s'inspire d'Albert le Grand et de saint Thomas. Leur mission est disciplinaire, quoique le choix de ces deux théologiens révèle peut-être aussi, chez Jean XXII, des préoccupations doctrinales. Par suite de circonstances inconnues, Benoît de Côme ne semble pas avoir pris part à la visite. Seul Nicolas de Strasbourg restera en scène et jouera un rôle important dans les événements.

Il doit d'abord sévir contre deux frères de son Ordre : Guillaume de Nidecken, rebelle aux consignes, et Hermann de Summo, du couvent de Cologne, suspect dans sa doctrine et ses mœurs, accusé de fabriquer et de diffuser des pamphlets calomnieux : « criminator, infamator, falsus testis ». Tous les témoignages contre lui convergent, même ceux de sa propre famille. Mais il doit être soutenu par quelque puissance occulte puisque les habitants de Cologne, excédés de ses agissements, les frères de sa province, Nicolas de Strasbourg lui-même, malgré son autorité, ne parviennent pas à l'exclure de l'Ordre.

Les premières accusations contre Maître Eckhart naissent dans ce milieu. On sait peu de chose sur le caractère de l'archevêque Henri II de Virneburg. L'histoire connaît surtout ses difficultés politiques et ses embarras d'argent. Mais c'est sous son gouvernement qu'en 1326 ont lieu les persécutions contre les Béghards. Les chroniques de Cologne mentionnent, avec des divergences de date, qu'un certain prêtre Walther fut, à cette épcque, brûlé comme hérétique.

La doctrine des Béghards a été plusieurs fois condamnée. Reprenant les théories de la gnose, ils affirment dans leurs paroles et par leurs actes la souveraine liberté des parfaits. Ils proclament aussi l'identité de l'âme et de Dieu dans la contemplation. Il se peut donc qu'ils aient tenté de se justifier en se référant à Maître Eckhart. Henri II de Virneburg n'aime pas les Dominicains. Intentions droites ou douteuses, qui va juger les cœurs ? Nous ne pouvons que retracer les faits. Est-ce l'archevêque qui a provoqué la nomination d'un visiteur ? A moins que, déjà très vieux, il ne se soit contenté de laisser les intrigues s'ourdir autour de lui ? Or il ne suffit pas aux instigateurs de voir le visiteur punir les coupables notoires. En quoi le prestige de l'Ordre en serait-il diminué ? Mécontent de l'attitude de Nicolas de Strasbourg, qui ne sévit pas contre Eckhart, l'archevêque nomme une commission de deux membres : Maître Reyner, inquisiteur, docteur en théologie, et Pierre de Estate, Frère Mineur, ancien prieur du couvent de Cologne. Par la canonisation de Thomas d'Aquin en 1323, l'Ordre dominicain a pris une éclatante revanche contre ses détracteurs. L'hostilité doctrinale entre Franciscains et Dominicains s'en trouve encore aggravée et va contribuer à faire mûrir des fruits vénéneux.

Dans le courant de 1326, les deux commissaires de l'archevêque établissent une liste de quarante-neuf propositions, empruntées aux œuvres de Maître Eckhart, qu'ils jugent suspectes : quinze extraites du *Livre de la Consolation divine* qui date de plus d'une décennie, six tirées d'une réponse d'Eckhart à des propositions précédemment incriminées, douze qui appartiennent à son premier commentaire sur la Genèse, seize à des sermons plus ou moins fidèlement transcrits.

Discussion théologique devant l'évêque.
(Collectio decretorum, XIIIe siècle.)

La première défense d'Eckhart date du 26 septembre 1326. Avant d'en venir à la réfutation de chaque article, il proteste qu'en vertu de la liberté et des privilèges de son Ordre, il n'est pas tenu de comparaître devant les commissaires de l'archevêque, n'ayant jamais été accusé d'hérésie ni suspecté dans ses mœurs. Sa vie et son enseignement, l'opinion de ses frères et du peuple entier lui en sont témoins. La commission établie par l'archevêque n'a aucune valeur, en raison de ses mauvaises racines. *Si j'avais une réputation moindre auprès du peuple et un moindre zèle de la justice, je suis bien sûr que de telles accusations n'auraient pas été soulevées contre moi par des jaloux.*

Il rappelle que saint Thomas d'Aquin et Maître Albert n'ont pas été épargnés. Beaucoup ont écrit et prêché publiquement que saint Thomas avait enseigné des erreurs et des hérésies. Et pourtant, l'évêque de Paris, le souverain pontife et la curie romaine ont approuvé sa vie et sa doctrine. Eckhart s'étonne ironiquement que ses détracteurs n'aient pas retenu contre lui-même un plus grand nombre d'articles : il en a écrit plus de cent que la grossièreté de leur intelligence ne peut ni saisir ni comprendre. En ce qui concerne les trois premières séries de propositions, il reconnaît les avoir dites et écrites. Il est sûr de leur vérité, quoique plusieurs soient « rares et subtiles ». Pourtant, il est tout prêt à les rétracter si on lui prouve qu'elles sont fausses. Dans la certitude de sa bonne foi, il fait en présence de ses accusateurs — et de la postérité — cette déclaration capitale, essentielle, que l'on ne saurait trop souligner : *Je puis en effet me tromper, je ne puis pas être hérétique, car l'erreur est affaire d'intelligence, l'hérésie dépend de la volonté.*

Après avoir fourni aux censeurs ses explications quant aux articles de l'*Opus tripartitum*, il protestera encore qu'il n'est redevable d'une réponse qu'au pape et à l'Université de Paris. S'il a accepté de comparaître devant les commissaires de l'archevêque, c'est qu'il ne veut pas avoir l'air de se dérober aux accusations.

Quant aux articles extraits de ses sermons, Eckhart proteste vivement. Même lorsqu'ils ont été rapportés par des clercs instruits et doctes, il arrive fréquemment que des erreurs s'y glissent. Il déclare n'avoir jamais admis, soutenu ni prêché des articles qui rendent un son d'erreur ou d'hérésie. Il est vrai que certains d'entre eux contiennent des vérités qu'il faut comprendre avec une intelligence droite et saine car, selon la parole de Bède, il n'est pas de fausse doctrine qui ne contienne un grain de vérité. *Mais je réprouve et déteste ceux qui contiennent une erreur ou peuvent du moins engendrer l'erreur dans l'esprit des auditeurs, erreurs que les jaloux ne peuvent donc ni ne doivent m'imputer selon la parole d'Augustin...*

Pourquoi ne pas l'en croire ? Il a reconnu avec trop de loyauté être l'auteur des propositions qui expriment sa doctrine réelle et dont on lui fait également grief, pour renier celles-là si elles traduisaient aussi sa pensée. Rien n'est plus plausible, au contraire, que les déformations de telle ou telle proposition difficile, reproduite d'après sa parole parlée. Sténographiés, recopiés, envoyés d'un monastère à l'autre, ces sermons ou extraits de sermons le trahissent aisément, à plus forte raison quand l'ignorance, voire le désir de nuire, y ont mis leur griffe. Et même si, emporté par son éloquence, la hardiesse de son esprit ou l'élan de son cœur, Eckhart a dépassé sa pensée au point de ne pas la reconnaître ensuite, convient-il de le juger sur telle ou telle audace d'expression ?

Il conclut d'ailleurs cette première défense par des paroles à l'adresse de ses accusateurs, identiques à celles de son préambule : *Ils taxent d'erreur tout ce qu'ils ne comprennent pas et taxent également toute erreur d'hérésie, alors que seule l'adhésion obstinée à l'erreur fait l'hérésie et l'hérétique.*

On ne saurait se prononcer plus nettement.

Les adversaires ne se tiennent pas pour battus. Après la réponse aux quarante-neuf articles, on présente à Maître Eckhart une seconde liste de cinquante-neuf propositions, toutes extraites de ses sermons. Plusieurs se trouvent déjà dans la première liste, ce qui tend à prouver que la seconde a été établie par d'autres accusateurs.

Maître Eckhart adopte ici un mode de défense un peu différent. Il ne se plaint plus d'avoir été trahi par ses auditeurs. Il semble donc que les nouvelles propositions correspondent plus exactement à sa parole. Si elles sont presque toujours fausses et erronées au sens où les prennent ceux qui les attaquent, une interprétation loyale en ferait ressortir la vérité. Avec toutes les ressources de son intelligence et de sa doctrine, en s'appuyant sur les textes les plus sûrs, il cherche à se dégager du réseau tissé de vérité et d'erreurs dans lequel ses ennemis veulent l'enserrer : *Qui haud negat, pauca novit... Totum verum est... Hoc negare est ignorare et deum blasphemare...* Mais plus souvent encore : *Falsum est et error, sicut sonat. Verum quidem est... Male sonat et sic falsum est. Verum est quod...* Suit l'explication qui, à ses yeux, donne à son propos un sens strictement conforme à la foi.

Au début de 1327, la triste affaire s'est encore envenimée. L'archevêque met le comble à l'arbitraire en citant devant son tribunal Nicolas de Strasbourg, le visiteur du pape lui-même ! Invoquant son privilège d'exemption, celui-ci proteste. Le 24 janvier, Eckhart se plaint devant la commission d'enquête que ses juges fassent traîner son procès en longueur et qu'ils aient accordé audience à des membres de l'Ordre extrêmement suspects. Nous comprenons mieux encore en lisant la lettre que Gérard de Podahns, vice-procureur général des Dominicains, adresse un peu plus tard à Jean XXII. Il accuse Guillaume de Nidecken et Hermann de Summo — les deux brebis galeuses que nous connaissons déjà — d'avoir intrigué dans le procès contre Maître Eckhart et de s'être rangés du côté des commissaires épiscopaux. On voit leur attitude : ils se sont ainsi placés sous la protection de l'archevêque pour rendre nulles les décisions que Nicolas de Strasbourg pourrait encore prendre contre eux.

Dans ce même acte du 24 janvier, Maître Eckhart récuse la validité de la commission, en appelle au Siège apostolique, se soumet d'avance à sa décision et réclame ses lettres dimissoriales.

Mais les choses sont allées si loin, causent un tel scandale, que, pour couper court à toutes les rumeurs, Eckhart fait devant le peuple sa déclaration d'orthodoxie dans l'église des Prêcheurs de Cologne, le 13 février 1327. Son confrère Conrad de Halberstadt la lit en latin. Lui-même la traduit ensuite, article par article, en langue vulgaire. Acte notarié en est dressé, signé par deux prieurs dominicains et onze autres témoins.

Le monastère des Dominicains de Cologne.
Gravure sur bois de 1571.

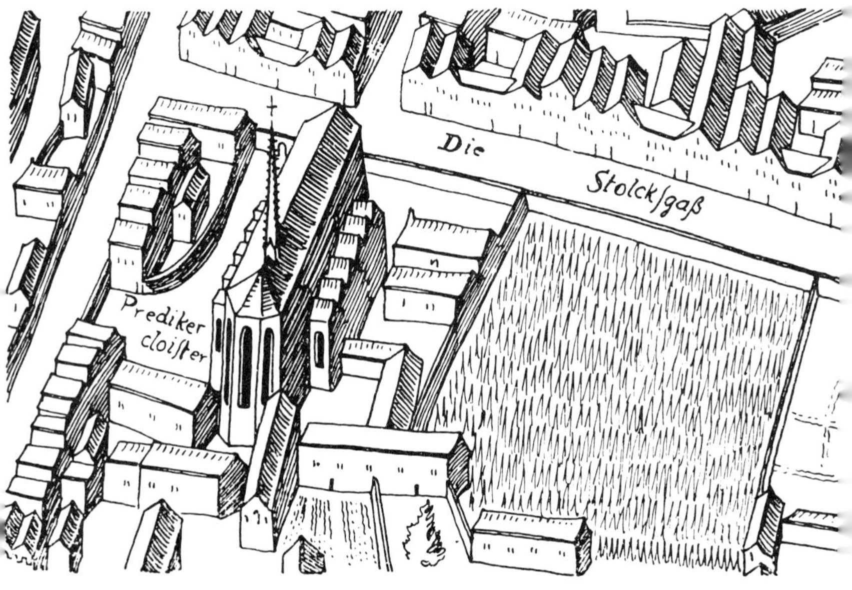

Moi, Maître Eckhart, docteur en sacrée théologie, proteste avant toute chose en prenant Dieu à témoin, que j'ai toujours réprouvé toute erreur sur la foi et toute corruption des mœurs autant que je l'ai pu, ces erreurs étant contraires à ma condition de maître et à mon Ordre. Si donc on trouvait quelque proposition erronée concernant ce que je viens de dire, que je l'aie écrite, dite ou prêchée, en privé ou en public, en quelque lieu ou quelque temps que ce soit, directement ou indirectement, selon une doctrine suspecte ou fausse, je la révoque ici expressément et publiquement devant tous et chacun de ceux qui sont ici présents...

Quelles puériles insanités ne va-t-on pas lui attribuer ? Il déclare n'avoir jamais prêché que son petit doigt a tout créé ! Plus proche de son vocabulaire, la déclaration concernant ce « quelque chose » dans l'âme qui est increé et incréable, dont nous avons déjà parlé.

Le 22 février de cette même année 1327, Eckhart se présente devant la commission pour recevoir les lettres dimissoriales qu'il a sollicitées. On lui annonce alors que sa demande d'appel au Saint-Siège a été rejetée comme « frivole ».

Pendant longtemps, la postérité n'a plus rien su des événements entre les actes du début de 1327 et la condamnation de 1329. Au siècle suivant, le cardinal Nicolas de Cues avait parlé d'une troisième accusation émanant de Cologne, dont les articles étaient tous tirés du commentaire sur l'évangile de saint Jean. Elle n'a pas jusqu'à présent été retrouvée. Mais voici une vingtaine d'années, Aloïs Dempf attira l'attention sur un texte du fameux théologien anglais, le Franciscain Guillaume d'Occam, texte qui avait jusqu'alors échappé à l'attention.

Dans la fermentation des idées qui caractérise l'époque, l'Église devait se protéger de tous côtés. Une doctrine nouvelle a peu à peu gagné du terrain. Le nominalisme affirme que seul le particulier est objet de connaissance, que les idées générales ou universaux n'ont pas de réalité hors de l'esprit qui les conçoit. Par la rigueur qu'il exige de la démonstration, ne tenant pour réelle que l'évidence ou ce qui en découle immédiatement, Occam, représentant de ces tendances, accentue le divorce entre théologie et philosophie. Dès lors, l'existence de Dieu, ses attributs, la connaissance de l'âme, échappent à toute démonstration rationnelle.

telle qu'il l'avait présentée à Cologne. Il a été personnellement entendu et nous avons sans doute, dans le texte édité par le P. Pelster, le procès-verbal de séances où Eckhart était présent.

La plupart des paragraphes comprennent quatre parties : la proposition incriminée, les motifs qui la rendent condamnable, la défense de Maître Eckhart et une réponse à cette défense. Le texte comprend vingt-huit articles. Quoique le soupçon d'hérésie soit partout maintenu, les termes sont adoucis par rapport aux listes de Cologne. La commission avignonnaise semble même avoir donné une certaine satisfaction à Eckhart en répétant ce qu'il avait souvent avancé lui-même dans ses précédentes défenses : tel ou tel article paraît erroné selon la lettre, *ut sonat*, *ut verba sonant*. L'inculpé allègue cependant, en toute bonne foi, qu'il n'a pas voulu donner aux termes ce sens insoutenable qu'on leur attribue. Mais la commission n'est pas là pour le juger sur ses intentions et sonder son cœur.

L'ancien couvent des Dominicains d'Avignon, où Eckhart a dû séjourner pendant le procès devant la curie (d'après un dessin du XVIIe siècle).

Le canoniste Jean d'Andrea présente à Jean XXII les Constitutions de Clément V avec son commentaire. Manuscrit probablement originaire d'Avignon, XIVe siècle.

L'ordinaire et prudente lenteur de la curie a-t-elle retardé la décision ? La procédure même — cette commission de théologiens, ces cardinaux, le pape en personne étudiant les textes — prouve assez que l'on a voulu s'entourer de toutes les garanties. Maître Eckhart a pu quitter Avignon en pensant peut-être qu'il avait bien défendu sa cause et qu'elle était gagnée. Est-ce pour ménager ce vieillard, illustre dans toute la chrétienté, et de sainte réputation, que la condamnation ne fut pas promulguée avant sa mort ?

La bulle de condamnation adoucit encore les termes de la commission de théologiens. Sur les vingt-six articles qu'Eckhart reconnut avoir prêchés, plus deux autres qu'on lui reproche, les quinze premiers et les deux derniers sont expressément réprouvés : « Ils contiennent des erreurs et sont entachés d'hérésie, et par le son que rendent les mots employés, et par l'enchaînement des idées. » Les onze autres sont déclarés « malsonnants, très téméraires et suspects d'hérésie, quoique, avec beaucoup d'explications et de compléments, ils puissent prendre ou avoir un sens catholique ».

Selon les termes mêmes de la bulle, Eckhart, « confessant à la fin de sa vie la foi catholique, révoqua et désavoua les vingt-six articles... ainsi que tout ce qu'il avait écrit ou enseigné dans les écoles ou dans ses sermons qui pourrait faire adopter par les esprits des fidèles un sens hérétique ou erroné contraire à la vraie foi. Il voulut qu'ils fussent absolument et totalement révoqués, comme s'ils l'avaient été un à un, soumettant sa personne, ses écrits et ses paroles à la décision du siège apostolique ».

Faut-il entendre « la fin de sa vie » au sens large et considérer que la bulle fait allusion à la rétractation solennelle du 13 février 1327 ? Ou, au contraire, penser que l'inculpé fut mis au courant de la réprobation qu'il avait encourue, quoiqu'elle ne fût pas encore officiellement proclamée, et en fit une nouvelle rétractation ? Dans l'un et l'autre cas, il reste que le pape tenait à souligner la bonne foi d'Eckhart et son entière soumission à l'Église.

La bulle de condamnation : *In agro dominico* est datée du 27 mars 1329. Le 15 avril, le pape écrivait à Henri de Virneburg pour l'inviter à la promulguer solennellement dans le diocèse de Cologne. On peut penser que l'archevêque ou ses suppôts accomplirent cette tâche d'un cœur léger.

Les propositions formellement condamnées ou réprouvées comme « très téméraires et suspectes » se ramènent à quelques groupes dont les formules d'Occam résument assez bien l'idée générale, dans la mesure où une caricature fait, mieux encore qu'une image exacte, ressortir les traits saillants.

Qu'en est-il donc de ces articles ?

Parmi les propositions suspectes s'en trouvent deux (23-24) où Eckhart semble avoir nié toute distinction en Dieu. Dieu est un, affirme-t-il encore devant ses juges d'Avignon. Les trois Personnes ne sont qu'un seul Dieu. La distinction n'est que dans leurs rapports réciproques. Il s'était défendu à Cologne en citant saint Bernard. De même saint Thomas explique que chaque Personne est une avec l'essence. Si donc on considère l'essence en tant qu'essence, il n'y a pas de distinction en Dieu. C'est évidemment ce qu'Eckhart a voulu dire.

Sur ce point en particulier, Suso apportera les précisions nécessaires. On lit au *Livre de la Vérité* : « J'ai entendu dire qu'il y eut un grand maître qui nie toute distinction. — Quand tu dis qu'il nie toute distinction, si tu l'entends de la divinité, on pourrait comprendre qu'il veut parler de chacune des Personnes dans le fond où elles sont indistinctes, mais elles ne sont pas indistinctes selon leurs relations entre elles et là il faut absolument maintenir la distinction personnelle. »

Selon un autre groupe de textes, Eckhart paraît admettre l'éternité du monde. Nous ne reviendrons pas sur ce point que nous avons déjà discuté à propos de sa mystique.

Eckhart a proclamé aussi que les créatures sont « pur néant » (26). Loin de récuser cette proposition, il la réaffirme à plusieurs reprises. Il est évident qu'il n'a pas voulu nier la création, mais exalter la grandeur divine. *Car toutes choses*, dit-il, *dépendent tellement de Dieu que si un seul instant sa main se retirait, elles retomberaient dans le néant.*

De même s'il a prétendu, comme on le lui reproche, que Dieu n'est ni bon, ni meilleur, ni le meilleur, et que le nommer bon est parler aussi mal que de nommer blanc ce qui est noir, c'est parce que Dieu est au-dessus de toute qualification et de tout ce que notre intelligence peut saisir.

On comprend que les juges aient été particulièrement choqués par les propositions 4-5-6. Il est vrai, comme Eckhart l'a dit et le maintient, et comme ses accusateurs l'admettent avec lui, que la gloire de Dieu est manifestée par la bonté avec laquelle il tolère les méchants, et sa justice par la punition des coupables, aussi bien que par la récompense des justes, mais il n'en résulte pas pour autant qu'en toute œuvre, même mauvaise, brille également la gloire de Dieu. Eckhart se retranche derrière un texte de saint Augustin pour se justifier d'avoir dit aussi que celui qui blasphème Dieu loue Dieu, mais sa défense est ici assez faible.

Les quatre propositions (16-19) sur les actes extérieurs ont souvent donné aux protestants l'impression qu'Eckhart anticipait sur Luther. Les juges d'Avignon s'élèvent contre cette doctrine qui nie au moins apparemment l'utilité de l'aumône, de la prière et autres bonnes œuvres ordonnées par le Seigneur. Ils lui opposent les préceptes du décalogue et le texte de saint Jacques : « La foi sans les œuvres est une foi morte. »

Les textes que l'on a pu lire ci-dessus montrent que

Maître Eckhart n'a jamais nié l'utilité des œuvres extérieures. En dépit de son aspect « malsonnant », sa pensée est théologiquement claire et correcte. Il veut mettre l'accent sur l'importance essentielle de la grâce sanctifiante qui seule donne aux actes humains leur valeur surnaturelle. *L'acte extérieur,* répond-il à ses censeurs, *n'a pas de bonté morale sans la bonté de l'acte intérieur.* Aussi est-ce celui-ci que Dieu préfère.

« L'homme bon doit conformer sa volonté à la volonté divine de telle sorte qu'il veuille tout ce que Dieu veut. Et parce que Dieu veut en quelque manière que j'aie péché, je ne voudrais pas ne pas avoir commis de péchés, et telle est la vraie pénitence. » (art. 14.)

L'article suivant parle même de « mille péchés mortels ». Ces deux articles sont extraits du *Livre de la Consolation divine.* La même pensée se trouve déjà dans les *Instructions spirituelles* où le contexte l'explique mieux.

En vérité, avoir péché n'est pas péché si on en a regret. Pour rien de ce qui peut arriver dans le temps ou l'éternité, l'homme ne doit vouloir commettre le péché, ni mortel ni véniel ni quel qu'il soit. Mais celui qui est tel qu'il doit être envers Dieu devrait toujours considérer que Dieu, fidèle et aimant, a amené l'homme d'une vie coupable à une vie divine, a fait de son ennemi un ami, ce qui est plus que de créer une nouvelle terre. Ce serait là une des plus grandes choses qui puisse porter l'homme complètement vers Dieu et qui l'enflammerait merveilleusement pour Dieu d'un grand et puissant amour, en sorte qu'il se renoncerait totalement.

Oui, celui qui aurait pleinement accordé sa volonté à celle de Dieu ne devrait pas vouloir que le péché dans lequel il est tombé n'ait pas eu lieu, non pas certes parce qu'il était contre Dieu, mais dans la mesure où tu es par là obligé à plus d'amour, où tu es abaissé et humilié... Quand l'homme se relève complètement de ses péchés et s'en détourne absolument, le Dieu fidèle fait comme si l'homme n'était jamais tombé dans le péché, il ne ne veut pas un seul instant lui en tenir rigueur... Dieu est le Dieu du présent. Tel il te trouve, tel il te prend et t'accueille, non ce que tu fus, mais ce que tu es maintenant. (Instr. spir., 12.)

Eckhart cite l'exemple des apôtres qui furent tous de grands pécheurs. Dans l'Ancien comme dans le Nouveau Testament, les plus coupables lui sont ensuite devenus les plus chers.

Voici la conclusion de l'article 25 : « Celui qui aime Dieu

plus que son prochain aime bien, mais non encore parfaitement. » Eckhart a pris à la lettre et dans toute sa rigueur le précepte de l'Évangile : aimer Dieu est « le premier et le plus grand commandement », mais le second, aimer le prochain comme soi-même, lui est « tout semblable ». Il entend par là que, pour qui aime le prochain comme il doit être aimé, c'est-à-dire en Dieu, il ne saurait plus y avoir qu'un unique amour.

« Ceux qui ne recherchent rien, ni les honneurs, ni l'utilité, ni le don intérieur de soi, ni la sainteté, ni la récompense, ni le royaume des cieux, mais qui ont renoncé à toutes ces choses, même à ce qui leur est propre, c'est en ces hommes que Dieu est honoré. »

Ces affirmations de l'article 8, encore accentuées par les deux propositions qui l'encadrent, sont familières à tous les mystiques. On trouve dans les écrits des saints des textes qui expriment une pensée analogue, d'Augustin à saint Bernard, Thérèse d'Avila, Jean de la Croix et au-delà jusqu'à Thérèse de l'Enfant Jésus. Et l'on citerait presque autant de saints — d'ailleurs à peu près les mêmes — qui, dans l'effusion de leur amour, se sont une fois ou l'autre écriés que s'il leur fallait, pour la gloire de Dieu, renoncer à la béatitude éternelle, ils accepteraient leur sort avec joie.

Devant ses juges, Eckhart ne renie pas sa proposition, parce que nous devons chercher Dieu, et rien en dehors de Dieu, ni désirer d'autre récompense, suivant ce texte : « Je serai moi-même ta récompense. » (Gen., xv, 1.)

Il est aisé aux accusateurs d'opposer à l'accusé l'oraison dominicale qui nous prescrit des demandes précises, la doctrine de toute l'Église et des saints qui ont ainsi prié. Dieu ne saurait donc être la récompense de qui renonce à la justice, à la dévotion, à la sainteté, au royaume des cieux.

Ici, comme précédemment, Eckhart et ses juges parlent deux dialectes différents d'une même langue dont les expressions ne se recouvrent pas exactement. Le langage des juges est celui d'une robuste théologie, si l'on ose dire, qui s'applique aux chrétiens en marche par les voies communes vers leur fin éternelle. La pratique des vertus, pensent-ils évidemment, offre déjà assez de difficultés sans qu'on aille exiger des fidèles ce renoncement total non seulement aux biens extérieurs et à la volonté propre, mais aux biens spirituels qui acheminent vers Dieu.

Eckhart a parlé pour des âmes avancées et il a interprété dans un sens mystique les demandes du Pater, comme les textes de l'Évangile. Être pauvre comme il le réclame de lui-même et de ses dirigés, c'est se désapproprier de soi et de toutes choses qui ne sont pas Dieu lui-même.

Plusieurs propositions de la bulle, parmi les plus importantes (10-13, 20-22) — quoique ces trois dernières soient seulement « suspectes » — concernent un des points essentiels de la mystique eckhartienne.

« Nous sommes totalement transformés en Dieu et changés en Dieu. De même que, dans le sacrement, le pain est changé au corps du Christ, je suis changé en lui parce qu'il fait de moi son être un, non pas semblable (10). »

« Tout ce qui est propre à la nature divine est totalement propre à l'homme juste et divin. C'est pourquoi cet homme fait tout ce que Dieu fait et il a créé avec Dieu le ciel et la terre ; il a engendré le Verbe éternel et Dieu ne saurait que faire sans un tel homme (13). »

Il n'est pas difficile à Occam, qui n'en saisit pas, ou feint de n'en pas saisir l'esprit, de se gausser de ces assertions. Les juges d'Avignon ne sont pas loin de partager ce point de vue, les trouvant à leur tour « si stupides et insensées qu'il n'est pas besoin de les discuter ». Nous avons vu plus haut comment elles se rattachent à la doctrine du corps mystique. Citons encore à l'appui ce qu'Eckhart a répondu à ses juges de Cologne à propos du texte qui deviendra l'objet de la proposition 10 :

Ce qui suit... nous sommes transformés et changés en Dieu est une erreur. En effet, un homme saint ou bon ne devient pas le Christ lui-même ni Fils unique, et les autres ne sont pas sauvés par lui ; il n'est pas l'image de Dieu, fils unique de Dieu, mais il est à l'image de Dieu, membre de celui qui est véritablement et parfaitement Fils unique et héritier. Quant à nous, nous sommes cohéritiers, ainsi qu'il est dit, et c'est ce que signifie la comparaison employée. De même, en effet, que de nombreux pains sur différents autels sont transformés en ce même vrai corps unique du Christ conçu et né de la Vierge, qui a souffert sous Ponce-Pilate, alors que les espèces de ces pains demeurent, ainsi en est-il de notre âme par la grâce de l'adoption, et nous sommes unis au vrai Fils de Dieu, membres de l'unique chef de l'Église qui est le Christ.

Sceau de la cour pontificale d'Avignon.

... *Dans la mesure même où l'homme possède la grâce et est fils de Dieu, il a pouvoir sur Dieu et sur les œuvres de Dieu parce qu'il ne veut pas autrement et pas autre chose que ce que Dieu veut et opère.*

Suso, qui connaît la pensée de son maître mieux que tous les commentateurs modernes, écrit à ce propos :

« Le même maître dit à un endroit : le juste opère tout ce qu'opère la Justice, et c'est vrai, dit-il, car le juste est engendré par la Justice ainsi qu'il est écrit : « Ce qui est né de la chair est chair et ce qui est né de l'Esprit est esprit. » Et c'est vrai seulement, dit-il, du Christ et d'aucun autre homme, car il n'a d'autre essence que l'essence du Père, et nul ne l'a engendré que le Père céleste ; et c'est pourquoi il a opéré tout ce qu'opère le Père. Mais chez tous les autres hommes, dit-il, il est exact que nous opérons plus ou moins avec lui, selon que nous sommes plus ou moins engendrés par lui. »

En résumé, la commission d'Avignon n'a pas condamné la doctrine d'Eckhart, mais les formules extrêmes, paradoxales, qui l'expriment « afin que ces articles ou leur contenu ne contaminent pas davantage les cœurs des simples auxquels ils ont été prêchés ». A vrai dire, nous savons par des références précises que ces sermons s'adressaient surtout à des moniales qui ne sont pas des âmes « simples » quant aux choses de Dieu. Mais dans les églises conventuelles ou autres, de « simples » fidèles pouvaient les avoir entendus. La commission, qui a rendu hommage à la bonne foi d'Eckhart, et le pape en condamnant ces articles, voulaient avant tout mettre le peuple fidèle en garde contre des confusions possibles.

La mystique rhénane après Maître Eckhart

Promulguée dans le diocèse de Cologne seulement, la bulle ne semble pas avoir diminué le prestige de Maître Eckhart. Les contemporains connaissaient mieux que nous encore les personnages qui avaient fomenté l'affaire. Le récit des circonstances se chuchotait de bouche à oreille. S'il en eût été besoin, la rétractation, dont la bulle elle-même faisait mention, suffisait à prouver que Maître Eckhart était un fils docile de l'Église, méchamment calomnié. Le chroniqueur dominicain Henri de Hervord, qui signale la bulle, en modifie quelque peu les termes et, soit ignorance, soit désir d'effacer la tache qui souille une si haute mémoire, supprime le nom d'Eckhart.

Depuis la mort du maître, la misère matérielle et morale qui pèse sur l'Allemagne s'est tellement aggravée encore, que les âmes ont besoin de suivre autant que jamais la voie royale de sa doctrine.

La lutte entre le pape et Louis de Bavière se poursuit. Ayant mécontenté les Romains, celui-ci a dû repasser les Alpes. Les villes, surtout dans les provinces méridionales d'Allemagne, se montrent assez volontiers fidèles au Bavarois, tandis que les familles nobles lui sont hostiles par attachement aux Habsbourg. Jean XXII a mis l'interdit sur les villes qui obéissent à l'empereur. Quoi de plus terrible, en une époque de foi, que la défense de célébrer publiquement l'office divin et de donner les sacrements, sauf aux mourants ? Mais le bruit circule que Jean XXII est un pape politique manœuvré par le roi de France. Quand il meurt en 1334,

Saints et bienheureux Dominicains. (Fra Angelico.)

de hic babilonice sponsum fugientem sponsam suam sibi si abhominabilem quasi viduata
relinquens nomen illius dissonu crudelis inmundus iniustus virtute carens appetens va
nitatez imoderate relaxans claue cursor gladiator ggregans corrupes lucidissima stella
det fulgore solem tenebrosu finalit pugnatura luna psequet taltum corruet excelsa
fuscabit . t ad obscurabit .
Nobilis et inobilis fiet et vastabit maria plurima .

Allégorie de la « captivité de Babylone ».
Clément V, premier pape d'Avignon, abandonne l'Église, son épouse.
Manuscrit de la fin du XVᵉ siècle.

c'est encore un Français qui lui succède, Benoît XII, ce même Jacques Fournier qui fut parmi les juges d'Eckhart. Et les pèlerins qui remontent de Saint-Jacques de Compostelle par la route du Rhône racontent que celui-ci édifie en Avignon un immense palais, comme si la papauté devait pour toujours abandonner Rome et s'établir dans sa captivité de Babylone.

En 1338, les princes électeurs se sont rangés derrière Louis de Bavière. Fort de sa puissance accrue, il brave le pape et défend d'observer l'interdit. Les esprits sont plus que jamais divisés, même parmi les bons chrétiens. Margaretha Ebner, Dominicaine au monastère de Maria Medingen, se montre tout indulgence envers l'empereur, tandis que son père spirituel, le prêtre séculier Henri de Nördlingen, quitte sa Souabe natale pour se rendre à Bâle où l'on obéit au pape. A Constance, les Franciscains donnent les sacrements et enterrent les morts avec les cérémonies d'usage, mais l'évêque et ses chanoines restent attachés à la cause pontificale et, à l'exception de quatre, les Dominicains quittent la ville, resteront exilés pendant dix ans. De même les Dominicains de Strasbourg émigreront pour Bâle qui sera leur refuge de 1338 ou 1339 à 1343.

Buste de Benoit XII par Paul de Sienne (Jacques Fournier, pape d'Avignon de 1334 à 1342, surnommé le « cardinal blanc » : avant d'être élu pape, il portait toujours sa coule de Cistercien.)

On dirait que le Seigneur montre son mécontentement de ces discordes publiques : les fléaux naturels se déchaînent. En 1337 et au cours des années suivantes, une comète, des éclipses de soleil effrayent les foules. 1338 : invasions de sauterelles. 1342, 1343 : inondations. 1348 : tremblements de terre et une terrible épidémie de peste, la « mort noire ». Pour fléchir le ciel, les processions de flagellants se multiplient, mais elles provoquent tant d'émotion, parfois même de tels troubles, que Clément VI — encore un pape français ! — doit les interdire en 1349. Les récalcitrants embrassent alors la cause des Béghards hérétiques.

Selon la loi universelle des époques douloureuses, tandis que les uns s'avilissent, les autres redoublent de bonne volonté. Surtout en Bavière, en Alsace et en Suisse, les âmes pieuses éprouvent le besoin de se rapprocher les unes des autres. Ces fervents ont choisi pour se désigner entre eux le beau nom d'« amis de Dieu ». C'est celui que, dans son épître, saint Jacques donne à Abraham (II, 23), et saint Jean a rapporté ces paroles du Sauveur : « Vous êtes mes amis si vous faites ce que je vous prescris... Je vous nomme amis parce que je vous ai fait connaître tout ce que j'ai appris de mon Père. » (XV, 14-15.) Amis par l'obéissance

La peste de Tournai en 1349.
Annales de Gilles le Muisit.
Manuscrit de Bruxelles, 1352.

Une procession de flagellants.
Annales de Gilles le Muisit.
Manuscrit de Bruxelles, 1352.

aux commandements, donc, mais aussi dans un sens plus mystique.

Il ne s'agit nullement là d'une association au sens strict du terme, encore moins d'un réseau secret qui couvre des tendances plus ou moins hérétiques : la qualité même des principaux d'entre eux et leurs œuvres en sont la preuve. Ils désirent seulement se soutenir réciproquement et s'encourager dans leur voie. Ils se communiquent des manuscrits, échangent des livres pieux. Afin que le livre de Mechtilde de Magdebourg, « la parole d'amour la plus intime et la plus touchante qu'il ait jamais lue en allemand », écrit au siècle précédent dans un dialecte du nord, leur soit plus facilement accessible, Henri de Nördlingen le traduit dans le dialecte du sud. Dès 1350, Ruybrœck envoie à Strasbourg son livre des *Noces spirituelles*.

On rencontre parmi ces « amis de Dieu » de pieux laïques comme Rulman Merswin — qui écrit ce que nous nommerions aujourd'hui des romans spirituels — des prêtres séculiers, des religieux, d'éminents Frères Prêcheurs. Les monastères de Dominicaines demeurent comme au siècle précédent d'ardents foyers de vie religieuse. Nous possédons la correspondance d'Henri de Nördlingen avec Margaretha Ebner

(† 1351), et les « révélations » de celle-ci. Son homonyme Christina Ebner (1277-1356) et Adelheit Langmann († 1375) écrivent leur journal spirituel. Nous pénétrons dans l'intimité de ces âmes grâce aux *Vies* rédigées au XIVe siècle, parfois en latin, plus souvent en allemand, dans les monastères eux-mêmes. Elles constituent une littérature spirituelle d'une extraordinaire abondance qui ne se rencontre en aucun autre pays. Unterlinden à Colmar, Schönsteinbach, également en Alsace, Töss, Katharinenthal, Œtenbach en Suisse, Engeltal près de Nuremberg, Adelhausen près de Fribourg-en-Brisgau, Weiler sur le Neckar, Kirchberg en Wurtemberg, plusieurs encore, ont ainsi leurs chroniques qui nous sont restées, tant d'autres sans doute s'étant perdues.

L'intention qui anime les pieuses rédactrices est, bien entendu, la gloire de Dieu, mais aussi le désir de transmettre aux nouvelles générations le parfum de vertu que répandirent les aînées. Une atmosphère de légende enveloppe parfois ces récits du passé. Nous y reconnaissons cependant les vertus familières : l'austérité de vie, l'application au travail, y compris la copie et l'enluminure de manuscrits, la charité réciproque, l'assiduité au chœur, l'amour de la prière liturgique et de l'oraison.

Certains historiens ont parlé avec quelque mépris de cette « mystique féminine ». Sans doute, l'esprit critique en est absent. Les auteurs attachent beaucoup d'importance à des phénomènes que d'autres temps soumettraient au médecin, ou dont la naïveté les ferait seulement sourire. Mais la vie de ces religieuses manifeste aussi une loyale recherche de l'unique nécessaire, un généreux effort pour répondre aux exigences de l'Évangile par le dépassement de soi-même.

Eckhart a prêché dans la plupart de ces maisons, ou du moins des copies de ses sermons sont arrivées entre les mains de ces moniales. Certes, leur fidélité à sa parole ne va pas toujours jusqu'à leur faire rejeter dans l'ombre le folklore de leur monastère qu'elles consignent si volontiers dans leurs chroniques et leurs nécrologes. Certaines d'entre elles, incapables de le suivre jusqu'aux sommets vertigineux où il voudrait les entraîner, ont préféré demeurer en chemin à cueillir leurs bouquets de « visions » et de « révélations », charmants, bien que parfois un peu puérilement noués. La forte empreinte du maître n'en est pas moins demeurée dans la spiritualité de son temps et des temps à venir.

...pians
...mulier
...dificat
...domu
...suam
...puerbi
...orum
...xiiij
...dz wort
schreibt der
weise kunig Salomon.
In dem buch der spruchen
an der xiiij underschaide.
und sint wol vor gewei-
saget und werdent auch
eygenlichen zu gelegt
der weisen frawe ja der
heiligen jungfrawe und
swester Elisabet staglin vo
zurich predig ordens von
dem clost genant Tosse · wel-
ander clost in tewtzschm
land mit dem lemunden ires
guten lebens · und mit der
geschrift ir gute buchlein die
si gemacht und ze same gefugt
hatt un auch gebauen und
zu geistlicherem lebe auf ge-
richt hat · un dar umb das
ir beserliches lebe und mit
sei hin sleichn · dar umb so hab
ich gedacht got dem here und
seiner gesegente muter zu ein
em lob · und de menschn be
sund den swestre prediger ordes
zu einer nuglichn besserung
irs lebens · ze schreibn das
leben zu eine teil der selben
selige swest Elisabet · als vil

Il est vrai que, dès la génération suivante, on démêle difficilement ce qui appartient en propre à Eckhart et ce qu'on lui attribue. Il n'a pas reconnu exactement sa pensée dans les nombreux textes que ses accusateurs lui soumettaient. Les déformations se multiplieront après sa mort. Ses œuvres passent de main en main sans qu'il soit toujours nommé ; en revanche, circulent sous son nom des traités qu'il n'a pas écrits, des sermons qu'il n'a jamais prononcés. La présence dans l'Ordre dominicain d'un autre Eckhart, dit le Jeune. († 1337) augmente encore la confusion.

Deux de ses disciples, du moins, transmettent authentiquement sa pensée : Tauler et Suso, très grands, eux aussi, quoique d'un tempérament moins génial que leur maître. Rendus circonspects par la condamnation de 1329, ils atténuent l'expression de la doctrine eckhartienne, tout en gardant ses traits essentiels.

Début de la Vie des Sœurs de Töss par Elsbeth Stagel. Manuscrit de Nuremberg, XVe siècle.

Tauler, d'après une gravure sur bois du XVIe siècle.

Nous n'avons guère plus de renseignements sur la vie de Tauler que sur celle d'Eckhart. Né vers 1300, il a de quinze à vingt ans quand il entre dans l'Ordre dominicain. Vers 1325, il est envoyé au *studium generale* de Cologne. C'est là qu'il s'initie à la doctrine d'Eckhart, soit directement, soit par l'intermédiaire d'autres professeurs. Il revient ensuite à Strasbourg qu'il doit quitter à cause des troubles politiques. Il se rend à Bâle en même temps que les frères de son couvent. Il voyage cependant, appelé à porter sa parole en d'autres villes. On le retrouve à Cologne en 1339. Alors que ses frères rentrent à Strasbourg en 1343, il reste encore à Bâle pour des raisons mal précisées : peut-être les « amis de

L'ancien couvent des Dominicains de Strasbourg (reconstitution de la Gallia dominicana*).*

Dieu », qui ont là un de leurs principaux centres, cherchent-ils à le garder auprès d'eux. Il rentre à Strasbourg vers 1347 ou 1348, voyage encore, séjourne de nouveau à Cologne. Il meurt à Strasbourg le 16 juin 1361.

Les générations qui suivent répètent à son propos diverses fictions, entre autres celle de sa prétendue conversion par le fameux « ami de Dieu » de l'Oberland, qui n'est qu'un personnage légendaire. Comme à Eckhart, on lui attribue, mais avec de meilleures intentions, des textes qui ne sont pas de lui : *Le Livre de la pauvreté spirituelle*, la *Medulla animæ*, œuvres de disciples anonymes (on sait que le moyen âge avait sur la propriété littéraire d'autres conceptions que les nôtres).

Cathédrale de Strasbourg. Vue sur le chœur et la nef centrale. (Première moitié du XIIIe siècle.)

Tauler ne connaîtra pas le silence qui enveloppera la mémoire d'Eckhart pendant des siècles. Authentiques ou apocryphes, les œuvres qui portent son nom seront imprimées à plusieurs reprises, notamment en 1498, 1521, 1543, et traduites dans toutes les langues d'Europe. Il faudra pourtant attendre 1910 avant qu'un philologue dégage de cette masse quelque quatre-vingts sermons ou fragments de sermons d'attribution sûre, d'après des manuscrits anciens.

Ce n'est pas seulement la prudence qui inspire sa méthode d'enseignement, mais son tempérament de prédicateur, sa pédagogie religieuse, son souci des âmes. Non point certes qu'Eckhart s'en soit désintéressé, mais, métaphysicien, il se laisse volontiers entraîner vers les hauteurs de la spéculation, sans être bien sûr qu'on le suive. Tauler cherche avant tout à rendre la pensée eckhartienne assimilable à son auditoire.

Lui aussi enseigne que l'âme doit abandonner tout le créé pour trouver Dieu. Ainsi dans son sermon pour la fête de Noël où il parle de trois naissances : la génération éternelle du Fils dans l'essence divine, celle de Jésus en ce monde, celle de Dieu dans l'âme.

On chante la troisième messe en plein jour ; elle commence ainsi : Puer natus est nobis et filius datus est nobis. *On entend par là l'aimable naissance qui doit avoir lieu et a lieu chaque jour et à chaque instant dans toute âme bonne et sainte si elle s'y applique avec attention et amour, car, pour que cette naissance se réalise en elle et qu'elle s'en rende compte, il est nécessaire qu'elle rentre en elle-même et y ramène toutes ses puissances. Dans cette naissance, Dieu lui appartient tellement et se donne tellement à elle qu'elle le possède plus que tout ce que l'on a jamais pu posséder.*

... L'âme a trois nobles puissances qui font d'elle une véritable image de la sainte Trinité : la mémoire, l'intelligence et la volonté libre. Grâce à ces puissances, elle est capable de saisir et de recevoir Dieu, en sorte qu'elle peut recevoir tout ce que Dieu est, possède et peut donner ; par là, elle regarde vers l'éternité, car l'âme est créée entre le temps et l'éternité. Par sa partie supérieure, en effet, elle appartient à l'éternité ; par sa partie inférieure, par ses puissances sensibles et animales, elle appartient au temps. Or l'âme, par ses puissances supérieures comme par ses puissances inférieures, s'est répandue dans le temps et dans les choses temporelles en raison du rapport que les puissances les plus hautes ont avec les plus basses ; ainsi, elle n'a pas à courir bien loin ; elle est disposée à se disperser dans les choses sensibles et ne fait plus sa part à l'éternité.

En vérité, il faut de toute nécessité que le retour se fasse pour que cette naissance ait lieu ; il faut un énergique retour en soi-même, un recueillement, une concentration intérieure de toutes les puissances, les plus basses et les plus hautes ; il faut rassembler tout ce qui était dispersé, les choses unies étant plus fortes. Quand un archer veut atteindre une cible, il ferme un œil pour que l'autre vise plus exactement ; celui qui veut connaître une chose à fond y applique toutes ses pensées et force ses puissances à rentrer dans l'âme d'où elles se sont répandues au dehors, ainsi que les branches sortent du tronc de l'arbre. Lorsque toutes les puissances sensibles, affectives et actives sont réunies dans les puissances supérieures, dans le fond, c'est l'entrée en soi-même.

Pour que la sortie ait lieu, et même le dépassement hors et au-dessus de soi, il faut que nous anéantissions tout vouloir, tout désir, tout agir propres ; il faut ne laisser subsister qu'une simple et pure attention à Dieu, sans rechercher en aucune manière à être ou à devenir ou à acquérir quelque chose en propre ; seulement à être et à lui faire place de la manière la plus haute et la plus intime, pour qu'il puisse accomplir son œuvre et sa naissance en toi sans que tu l'en empêches. Car lorsque deux doivent devenir un, il faut que l'un soit passif et l'autre actif : pour que mon œil perçoive les images au mur ou quelque autre objet, il doit être dépouillé de toute image ; car n'eût-il en soi qu'une seule image quelque peu colorée, il ne verrait plus aucune couleur. Ou encore : si l'oreille est remplie d'un son, elle n'entend plus aucun autre son. Pour que l'on puisse recevoir, il faut être disponible, libre et dépouillé. C'est ce que dit saint Augustin : « Fais le vide en toi afin que tu puisses être comblé ; sors afin de pouvoir entrer. » Il dit ailleurs : « O âme noble, ô noble créature, pourquoi pars-tu chercher hors de toi celui qui est toujours si véritablement et totalement en toi, et puisque tu participes à la nature divine, qu'as-tu à faire avec toutes les créatures et pourquoi t'inquiéter d'elles ? » Si l'homme préparait ainsi la place, le fond, il n'y a pas de doute que Dieu serait obligé de le combler absolument. Le ciel croulerait plutôt pour remplir le vide, et Dieu tolère encore bien moins que les choses restent vides, ce serait absolument contre sa nature et sa justice. C'est pourquoi tu dois faire silence ; alors le Verbe de cette naissance pourra parler en toi et être entendu en toi, mais certainement, si tu veux parler, il lui faudra garder le silence. On ne peut bien servir le Verbe qu'en se taisant et en écoutant. Si tu sors complètement de toi, Dieu entrera complètement, sans aucun doute, ni plus ni moins, car autant tu sors, autant il entre.

Comme Maître Eckhart, Tauler n'a qu'une chose à dire et la répète sans cesse. Sa terminologie est proche de celle d'Eckhart et il emploie, comme lui, de multiples comparaisons empruntées à la vie familière et au travail humain.

Dans le célèbre sermon pour le lundi avant les Rameaux, il évoque le cerf et la chasse à courre, image de l'âme poursuivie par la meute hurlante des tentations et des péchés, qui s'en débarrasse pour aller boire à pleine bouche l'eau divine dont elle a soif.

... Toutes ces fluctuations, ces tempêtes et ces opérations ont eu lieu encore dans les puissances inférieures où Dieu ne veut en aucune façon résider ; ce n'est absolument pas là sa place, elle est trop étroite et trop petite pour lui, il ne peut s'y mouvoir ni y accomplir son œuvre. Il veut et doit habiter dans les puissances supérieures pour y réaliser l'œuvre divine qui lui

est propre ; c'est là seulement qu'est sa demeure, là qu'il trouve sa propre image et sa ressemblance ; c'est là que Dieu réside et agit, et qui veut véritablement trouver Dieu, qu'il le cherche là et nulle part ailleurs. Celui qui parvient là trouve ce qu'il a cherché par de lointains et longs détours. Alors l'esprit est attiré au-dessus de toutes ses puissances dans un désert sauvage dont personne ne peut parler, dans la ténèbre secrète du Dieu sans mode, où l'esprit est conduit encore plus avant dans l'unité au sein de l'Unité simple et sans mode, où il perd toute distinction, où il est sans objet ni sentiment, car dans l'Unité on perd toute multiplicité et l'Unité unifie toute multiplicité.

Quand ces personnes reviennent à elles-mêmes, elles ont de toutes choses un discernement, né dans la simplicité et l'unité, meilleur et plus exquis que nul ne peut l'avoir ; elles discernent clairement, véritablement, tous les articles de la foi dans sa pureté : comment le Père, le Fils et le Saint-Esprit sont un seul Dieu, et ainsi de toutes les vérités. Nul ne comprend bien la vraie distinction que ceux qui sont parvenus à l'Unité. On la nomme et elle est une ténèbre ineffable, et c'est pourtant la lumière essentielle. Elle est et on la nomme un désert sauvage et incompréhensible où personne ne trouve ni voie ni mode, car elle est au-dessus de tout mode. Voici comment on doit comprendre cette ténèbre. C'est une lumière que nulle intelligence créée ne peut atteindre ni comprendre naturellement ; elle est sauvage parce qu'elle n'a pas d'accès ; c'est là que l'esprit est conduit au-dessus de lui-même, au-dessus de tout ce qu'il est capable de concevoir et de comprendre. Alors on boit l'eau vive à sa propre source, en son jaillissement véritable, essentiel. Oh ! elle est délicieuse et fraîche et pure : toutes les eaux vives sont à leur origine toutes délicieuses, pures et fraîches, mais chaudes et âcres dans les rivières. Oh ! quelle eau vive, pure et exquise est ici donnée à sa source ! C'est là que l'âme se plonge entièrement avec tout ce qu'elle est, tout ce dont elle est capable : elle voudrait bien boire à pleine bouche, mais c'est impossible ici-bas. Cependant, elle s'enfonce et disparaît dans l'abîme, tout comme s'infiltre l'eau répandue sur la terre.

Si l'homme qui est arrivé ici voulait laisser oisives ses puissances inférieures et ne rien faire que de laisser dormir ses puissances inférieures, les résultats seraient nuls ; il faut traiter les puissances inférieures selon leur mode, ou bien l'Esprit saint s'en irait complètement ; l'on aboutirait à l'orgueil spirituel, à une liberté désordonnée et l'homme se complairait en sa raison. Il n'en résulterait rien de bon et on ne ferait pas de progrès.

Au contraire, il faut se soumettre en grande humilité à la volonté divine qui exige alors de l'homme un plus grand détachement que jamais, selon un mode de plus en plus noble, avec plus de pureté, de dépouillement, de liberté bien réglée, d'unité, de silence extérieur et intérieur, d'humilité profonde, et toutes les vertus produites par les puissances inférieures. C'est ainsi que l'homme devient proche de Dieu et un homme divin.

L'attitude préconisée par Tauler est, on le voit, fort éloignée du quiétisme, les plus hautes faveurs reçues dans la contemplation devant provoquer un désir accru de servir Dieu par l'exercice des vertus.

En bon père spirituel, il sait donner des consolations appropriées et des conseils pratiques à celles qui se désoleraient de ne pas recevoir de telles grâces :

N'interroge pas sur les hautes spéculations, mais rentre dans ton propre fond, apprends à te connaître toi-même, et ne pose pas de questions sur les secrets de Dieu, la diffusion et le retour, sur le quelque chose dans le rien et sur l'étincelle de l'âme dans l'âme au sein de l'essence. Il ne convient pas, dit le Christ, que vous connaissiez les secrets de Dieu. Nous devons avoir une foi simple, véritable et totale, en un Dieu unique dans la Trinité des Personnes, sans multiplicité, simple et pur. Car Arius et Sabellius qui comprenaient admirablement la sainte Trinité, à quoi sont-ils arrivés ? Et Salomon et Origène qui ont merveilleusement instruit la sainte Église, ne savons-nous pas où ils ont abouti ? Tirez-en une leçon pour vous-mêmes ; personne ne peut répondre pour vous que vous-mêmes. Mes enfants, veillez sur vous, appliquez-vous à Dieu et à sa sainte volonté. Répondez à l'appel que Dieu vous a adressé, soyez-y dociles, et si vous ne savez pas quelle est la volonté de Dieu, obéissez à ceux qui sont plus éclairés que vous par l'Esprit saint ; si vous n'en trouvez pas, allez vers Dieu ; sans aucun doute il vous l'inspirera si vous demeurez près de lui [1].

---

1. Traduction d'après le texte publié par F. Vetter.

Pierre tombale de Tauler, autrefois dans l'église des Dominicains de Strasbourg.

Ueberlingen. Maison natale d'Henri Suso, selon la tradition.

Ueberlingen et le lac de Constance.

Quoique de nombreux éléments légendaires se soient mêlés aux données biographiques, la critique peut assez facilement reconstituer la vie concrète et l'évolution spirituelle de Suso, beaucoup mieux connues l'une et l'autre que celles d'Eckhart et de Tauler.

Suso est né soit à Constance, soit plus probablement à Ueberlingen, vers 1296. Il n'est pas indifférent qu'il ait passé son enfance entre des eaux et un ciel qui imitent parfois à s'y méprendre les grâces lumineuses du sud, et portent volontiers l'âme à la contemplation de l'éternel.

Un père rude, une mère tendre et pieuse. Le couvent dominicain de Constance dans le même cadre magique du lac. Suso y entre avant quinze ans avec une dispense peut-être monnayée, ce qui remplira plus tard de remords son âme scrupuleuse. Seule l'autorité de Maître Eckhart, dit la *Vie*, mit ici un terme à son tourment.

Cinq ans après son entrée au cloître, il se « convertit ». Entendons par là que Dieu lui envoie quelque grâce intime, ressentie comme un appel direct, qui le fait passer de la piété à la ferveur. Il se donne à la Sagesse éternelle de tout son amour. Et voici encore que, vers ses dix-huit ans, Dieu l'introduit dans ses arcanes par une extase dont il sort comme s'il revenait vraiment d'un autre monde.

Le cloitre du monastère des Dominicains de Constance, où Suso séjourna. État actuel.

Pour l'amour de la Sagesse, son élue, il acceptera désormais les pires épreuves, soit reçues directement, soit librement choisies. La *Vie* rapporte une série d'austérités souvent présentées par les psychologues modernes comme des déviations du sentiment religieux. Même si d'autres arguments plus probants encore ne s'ajoutaient à celui-là, leur excès même eût pourtant dû suffire à montrer que la *Vie*, telle qu'elle nous est parvenue, contient, en plus des pages authentiquement dues à Suso, des récits à visées hagiographiques. Retenons seulement qu'il mena désormais une vie pénitente et très austère.

Vers 1320, après ses études à Constance et peut-être à Strasbourg, Suso fut envoyé à Cologne près de Maître Eckhart. Lorsque commencent les hostilités contre celui-ci, Suso a probablement réintégré son couvent. C'est sans doute alors qu'il écrit *Le Livre de la Vérité* pour opposer aux délateurs l'authentique enseignement du maître, tel qu'il l'a reçu et retenu.

« L'orloge de Sapience ». La Sagesse descend du ciel. A gauche Suso. A droite, un Franciscain, le traducteur français du livre. Manuscrit écrit en 1406 pour Marie de Berry.

On peut voir une relation de cause à effet dans la persécution qu'il souffre alors. Il est accusé d'écrire des livres suspects et il doit aller se disculper aux Pays-Bas devant un chapitre général de son Ordre, peut-être celui de Maestricht, ou celui d'Utrecht en 1330. Des allusions dans l'*Horologium sapientiæ* laissent penser qu'il est l'objet d'une censure. Il doit abandonner sa charge de lecteur.

Sa vie apostolique commence vraiment alors. Il parcourt la Suisse, l'Alsace, la vallée du Rhin. Nous savons de façon sûre qu'il est en relations avec Tauler, Henri de Nördlingen et la plupart des « amis de Dieu ».

En 1336, les Dominicains fidèles au pape se réfugient non loin de Constance près de couvents féminins amis. Suso est prieur de la communauté en exil. De nouvelles souffrances l'accablent : épreuves familiales et surtout calomnies. Il a ramené au devoir bien des brebis égarées, d'où cette animosité contre lui.

Ses supérieurs l'envoient à Ulm, sans doute pour mettre fin aux rumeurs. Exilé, lui aussi, le couvent d'Ulm avait regagné sa ville après la mort du Bavarois en octobre 1347.

On ignore à peu près tout des dernières années de Suso. On sait seulement qu'il mourut à Ulm le 25 janvier 1366 et fut inhumé dans l'église des Prêcheurs.

La Sagesse éternelle étend son manteau protecteur sur Suso, sa fille spirituelle Elsbeth Stagel et d'autres fidèles qui vénèrent le nom de Jésus. Manuscrit d'Einsiedeln.

Nous devons beaucoup pour la connaissance de son œuvre à la plus célèbre de ses filles spirituelles, Elsbeth Stagel. Entrée toute jeune chez les Dominicaines de Töss, près de Winterthur, dont elle nous a laissé les *Vies*, elle désira s'engager dans la voie de la perfection dès qu'elle fut sortie de l'enfance. Elle lut d'abord les œuvres d'Eckhart. Reconnaissant toutefois que cette doctrine était bien difficile pour une débutante, elle eut recours à celui qui s'est nommé lui-même « le Serviteur ».

Quoique l'on ne puisse déterminer la part exacte qui lui revient dans la rédaction de la biographie de Suso, nous savons qu'elle recueillit les lettres de son père spirituel et nota ses entretiens avec lui. Après la mort d'Elsbeth Stagel, une troisième main, probablement féminine (la plupart des manuscrits anciens proviennent de couvents de Dominicaines) remania encore le texte en s'inspirant des autres œuvres et nous le laissa tel que nous le possédons aujourd'hui. Les derniers chapitres, qui portent le plus nettement l'empreinte de Suso, constituent un traité de mystique spéculative sous forme d'instructions à sa fille spirituelle.

Les autres ouvrages sont authentiques. *Le Livre de la Vérité* reprend sous forme de dialogue la doctrine d'Eckhart en tempérant ses hardiesses par des explications moins paradoxales.

L'*Horologium sapientiæ* (vers 1339) et *Le Livre de la Sagesse éternelle*, très proche du précédent par son contenu, ont connu de multiples rééditions et traductions. Ils comptent parmi les ouvrages de piété les plus lus à la fin du moyen âge. L'intention est nettement didactique : *Chacun peut trouver là ce qui lui convient... Il* (l'auteur) *se met à la place de tous, comme doit le faire celui qui enseigne : tantôt il parle au nom du pécheur, tantôt comme une personne déjà avancée en perfection, tantôt en employant l'image de l'âme aimante, tantôt, ainsi que le veut son sujet, sous le symbole d'un serviteur avec qui s'entretient la Sagesse éternelle.*

Des lettres de direction composent le *Grand* et le *Petit Livre des lettres*, celui-ci fait d'extraits du premier, quelque peu altérés.

Pour des raisons toutes morales et pratiques — protéger Eckhart et sa doctrine contre les calomniateurs — l'œuvre spéculative de Suso marque un nouvel effort pour concilier le néoplatonisme, en particulier la pensée dionysienne, et

temps de deux vigiles. Pendant ce temps, il était si absorbé en Dieu, la Sagesse éternelle, qu'il ne pouvait parler. Il lui semblait souvent qu'il planait dans les airs et qu'il voguait entre le temps et l'éternité dans le flot profond des merveilles insondables de Dieu...

Il arrivait parfois que, pendant environ dix semaines, quelquefois plus, quelquefois moins, il était si fortement ravi hors de lui-même qu'en présence ou non des gens, alors qu'il faisait usage de ses sens, ceux-ci étaient tellement privés de leur opération propre que, partout et en toutes choses, l'Un seulement lui répondait, et toutes choses dans l'Un, sans la multiplicité qui est en celle-ci ou celle-là.

Suso a résumé en une formule frappante les étapes de la voie mystique : *Un homme qui s'est renoncé doit être détaché des formes créées, formé avec le Christ et transformé dans la Déité.* Sa direction sait s'adapter à chaque âme. Ici, il exhorte à l'exigence envers soi-même :

Ma fille, il serait temps pour toi, désormais, de monter plus haut et de t'élever hors du nid des consolations qu'apportent les images à celui qui commence. Fais comme un jeune aigle qui a grandi, et que tes ailes, parvenues à leur croissance, je veux dire les puissances supérieures de ton âme, s'élancent vers la noblesse de la contemplation, dans les hauteurs d'une vie bienheureuse et parfaite.

Là, ayant beaucoup souffert lui-même, il invite une de ses filles spirituelles à ne pas se décourager, en se mettant au même plan qu'elle :

Ah ! Dieu aimable, il est facile d'en parler, facile d'en entendre parler, mais la douleur présente est bien pénible à supporter. Mon enfant, Dieu nous a-t-il oubliés ? ne sait-il plus que nous existons ? Hélas ! noble, doux, aimable Seigneur du ciel, quelles sont donc tes intentions sur nous ? Comment ta main peut-elle être si lourde quand ton cœur est si tendre ?

... Ah ! mon enfant, il me faut te dire quelque chose pour que tu oublies un peu ta souffrance, gardes-en le secret. Voici : il arriva une fois que j'eus beaucoup à souffrir du mépris dont j'étais l'objet, non par ma faute, mais du fait d'autres personnes. Assis dans ma cellule, je voyais un chien qui courait au milieu du cloître et jouait avec un lambeau d'étoffe pour les pieds ; tantôt il le jetait en l'air, tantôt il le jetait en bas. Alors je poussai un profond soupir et je dis : « En vérité, Seigneur du ciel, je suis dans la bouche de mes frères tout comme ce lambeau

d'étoffe. » Je pensai alors : « Constate-le donc : le lambeau d'étoffe laisse le chien faire de lui ce qu'il veut, qu'il le jette en haut ou en bas, ou qu'il le piétine. C'est ainsi, me disais-je, que tu dois faire : qu'on te mette en haut ou en bas, ou que l'on crache sur toi, tu dois l'accepter de bon gré comme le lambeau d'étoffe s'il pouvait parler. » Je pris le lambeau d'étoffe et le mis dans ma petite chapelle à côté de ma chaise où je le regarde souvent avec les yeux de mon corps et avec mes yeux intérieurs, bien que mon cœur orgueilleux ne se soit jamais, pour autant, comporté comme il le devrait.

« Le lambeau d'étoffe laisse le chien faire de lui ce qu'il veut... » Suso est tourmenté par les mauvais esprits et les calomniateurs. Manuscrit des œuvres de Suso, monastère d'Einsiedeln, seconde moitié du XVe siècle.

Suso devant Jésus crucifié et l'enfant Jésus dans un buisson de roses. Manuscrit des œuvres de Suso, Berlin, seconde moitié du XIVe siècle.

Mais il arrive aussi que la joie spirituelle l'habite et s'élève de son âme en notes aussi claires que celles d'un François d'Assise :

Aimable Seigneur, si je ne suis pas digne de te louer, mon âme désire pourtant que le ciel te loue lorsque, dans sa beauté la plus ravissante, il est illuminé en sa pleine clarté par l'éclat du soleil et la multitude innombrable des étoiles lumineuses. Que les belles campagnes te louent lorsque, dans les délices de l'été, elles brillent selon leur noblesse naturelle dans la multiple parure de leurs fleurs et leur exquise beauté... Seigneur, lorsque je regarde de gracieux êtres vivants, d'aimables créatures, ils disent à mon cœur : « Ah! regarde comme il est aimable, celui dont nous sommes issus, de qui provient toute beauté! » Je parcours le ciel et la terre, l'univers et l'abîme, forêts et campagnes, monts et vallées : tous ensemble font retentir à mon oreille l'immense concert de ta louange infinie.

... Mais lorsque je pense que c'est toi, le Bien digne de louange, que mon âme a élu entre tous, que mon âme a choisi pour elle-même afin qu'il fût son amour unique et bien-aimé, hélas! ô Seigneur, mon désir de louange est tel que mon cœur voudrait se briser en lui-même [1].

1. Traduction sur le texte publié par K. Bihlmeyer.

Suso est le plus délectable et le plus accessible des mystiques rhénans. Son œuvre unit à la haute spéculation sur les rapports entre Dieu et l'âme une émouvante délicatesse.

Formé à la même école que Suso, le flamand Jean Ruysbrœck (1293-1381) répond, comme Eckhart, à la piété des âmes avides de Dieu. Il explique à maintes reprises que l'union à Dieu est possible, désirable, le but même de toute vie religieuse. Mais plus encore qu'en Allemagne, les Frères du Libre Esprit et les Béghards hérétiques pullulent aux Pays-Bas. Le danger consiste toujours à vouloir traduire en termes rationnels ce qui transcende toute raison. C'est d'ailleurs ce que ne manquera pas de souligner le chancelier de l'Université de Paris, Gerson, quand il critiquera Ruysbrœck. Mais de même que Suso avait redressé les erreurs du « Sauvage », Ruysbrœck établit les justes distinctions : parce que l'âme plongée en Dieu n'a plus conscience de la différence entre elle et lui, il n'en résulte pas que cette distinction soit abolie.

Le monastère de Groenendael, où a vécu Ruysbroeck, d'après une eau-forte du XVIIe siècle.

Alors, que, au cours du XIVe siècle, les principaux foyers de spiritualité se situaient surtout dans l'Allemagne du sud, le mouvement religieux tend à glisser vers le nord. Cologne, depuis longtemps déjà ville intellectuelle où les étudiants du nord et du sud se retrouvent, devient un centre de vie mystique toujours plus important, grâce en particulier à sa Chartreuse. Un chanoine de Saint-Georges, originaire des Pays-Bas, Henri de Calcar, qui a étudié à Paris la philosophie et la théologie, est entré en 1365 à la Chartreuse où il mourra († 1408) en odeur de sainteté, laissant de nombreux écrits mystiques. Il a décidé un des ses compatriotes, son ancien camarade d'études à Paris, Gerhart Groote (né à Deventer en 1340) à embrasser une vie plus parfaite. Gerhart Groote distribue alors sa fortune aux pauvres et renonce à tout, sauf à ses livres. Il rend visite à Ruysbrœck dans son monastère de Grœnendæl, fait une retraite de deux ans dans une Chartreuse et, toujours sur le conseil de Henri de Calcar, va prêcher la pénitence dans tous les Pays-Bas. Éternelle aventure des meilleurs parmi les médiocres : comme il dénonce vigoureusement les vices du temps, il se fait des ennemis qui obtiennent de l'évêque l'interdiction de prêcher à tous ceux qui ne sont pas prêtres. Or Gerhard Groote est diacre seulement. Il proteste auprès du pape, mais la peste le surprend à Deventer en 1384 avant qu'il ait obtenu satisfaction.

C'est à Gerhart Groote que remontent deux des institutions les plus importantes de l'époque, trait d'union entre le moyen âge et les temps modernes : les Frères de la Vie commune et la Congrégation de Windesheim près de Zwolle, aux Pays-Bas, celle-ci fondée sur l'ordre de Groote par son successeur Florent Radewijn, en 1386. Ils veulent par là rendre à la discipline monastique son ancienne austérité.

Des monastères de Prusse, de Bavière, d'Autriche suivent cet exemple, leur spiritualité rayonnant sur les pays de langue allemande. On ne pense pas sans mélancolie que, si ce mouvement de rénovation avait été mieux suivi, les dissensions de la Réforme, les guerres de religion, la guerre de Trente ans et la chaîne sans fin de leurs conséquences eussent pu être épargnées à l'Europe.

Pour faire comprendre l'importance culturelle des fondations de Gerhart Groote, il suffit d'indiquer que Nicolas de Cues, Thomas de Kempten, Erasme, en furent les élèves, bien que celui-ci se soit montré parfois assez ingrat et sans doute injuste à leur égard. Les Frères gagnaient leur pain en copiant la Bible, les Pères de l'Église, les mystiques.

Gerhart Groote est aussi un de ceux qui contribuèrent le plus à instaurer ce que l'on a nommé la *devotio moderna*, Ludolphe de Chartreux († 1377), avec sa célèbre *Vita Jesu Christi*, et Suso, étant deux des chaînons essentiels qui, par delà les saintes de Helfta et les moniales dominicaines du XIIIe et du XIVe siècle, rattachent cette forme de piété à François d'Assise et à saint Bernard dans les aspects de sa mystique qui parlent au cœur. Elle n'ignore pas la spéculation de Denys et d'Eckhart, mais, maintenant que le nombre des âmes aspirant à la vie parfaite se réduit toujours davantage dans un monde travaillé par tant de ferments nouveaux, des esprits lucides, comme Gerhart Groote, craignent de décourager la grande masse des fidèles en proposant un idéal trop difficile. L'âme est invitée moins à méditer sur les hauts mystères du Logos que sur l'humanité du Dieu fait homme, présent dans l'eucharistie à l'âme qui le cherche. Thomas de Kempten (1380-1471) écrit l'*Imitation de Jésus-Christ*, le plus célèbre parmi tous les livres de piété. Son extraordinaire et permanente diffusion montre assez à quel point il répondait aux besoins des âmes.

La *Theologia deutsch*, composée entre 1400 et 1430 par un inconnu dit l'Anonyme de Francfort, reprend sans grande originalité les thèmes eckhartiens, en insistant toutefois davantage sur les mystères de la vie du Christ. Cette œuvre doit surtout sa célébrité au grand cas qu'en fit le jeune Luther qui la publia en 1518. Il appréciait beaucoup aussi Tauler en ses textes plus ou moins authentiques, mais il devait plus tard se détourner de toute la mystique médiévale.

Le cardinal Nicolas de Cues. Image du donateur sur le tableau du maître autel (vers 1460) dans la chapelle de l'hôpital de Cues.

Au moment où le moyen âge va laisser la place aux temps modernes, se dresse, apparentée aux deux périodes, la grande figure du cardinal Nicolas de Cues (1401-1464). Il n'est pas question d'esquisser ici, même en traits rapides, cette vie prodigieuse. Fils d'un batelier mosellan, étudiant à Deventer, puis à l'Université de Cologne, il est plus tard un des théologiens très écoutés du concile de Bâle. Il part pour Constantinople et la Grèce, afin de préparer le concile de Ferrare-Florence (1438-1445), voyage encore comme légat du pape qui le charge de la réforme monastique en Allemagne et dans les Pays-Bas, se fait des ennemis parmi les monastères rebelles et les princes qui les soutiennent, d'où de singulières péripéties belliqueuses où on le voit même un instant prisonnier, laisse son souvenir en des fondations pieuses, entre autres le célèbre hôpital de Cues dans son pays natal. Cet homme d'action, ce diplomate est aussi un savant prodigieux. Autre Pic de la Mirandole sans forfanterie et sans légende, il lit le grec, l'hébreu, l'arabe, possède toute la science philosophique et théologique de son temps, l'histoire naturelle, et les mathématiques. Il dresse une des premières cartes d'Allemagne, s'occupe de la réforme du calendrier, professe la rotation de la terre, a des vues originales sur le calcul infinitésimal et la théorie de l'atome ! Il lit inlassablement et possède une collection de près de trois cents manuscrits du IXe au XVe siècle. Il entretient une abon-

La bibliothèque de Cues.

dante correspondance, écrit de nombreux traités en latin pour exposer sa philosophie et sa mystique, l'une rejoignant l'autre.

Il connaît bien la littérature mystique et s'intéresse tout spécialement à Eckhart. C'est en grande partie au soin qu'il a mis à recueillir les écrits du maître, plus spécialement ses œuvres latines, que des érudits ont pu entreprendre de nos jours leur difficile édition critique.

La formule de la philosophie cusaine, la *coincidentia oppositorum*, dérive directement de la coïncidence des attributs en Dieu chez Maître Eckhart. Nicolas de Cues la développe dans les plus célèbres de ses ouvrages : *De la docte ignorance* (1440) et *Apologie de la docte ignorance* (1449). Toute science humaine est conjecturale et s'accompagne de non savoir. La démarche de l'esprit humain à la recherche de la connaissance n'est justifiée que si, conscient de ses limites, il reconnaît l'infinie grandeur divine. L'essence des choses demeure donc inconnue, mais l'intuition, où amour et connaissance ne font plus qu'un, dépasse toutes les contradictions qui se résolvent en Dieu. On retrouve chez Nicolas de Cues, pour désigner Dieu, les expressions familières à Denys et à Maître Eckhart : « désert » et « silence », « abîme insondable », « néant ».

Accusé par le recteur de Heidelberg, Jean Wenck, de soutenir les thèses condamnées d'Eckhart, Nicolas de Cues ne cherche pas à séparer sa cause de celle du suspect. Il a lu les accusations de Cologne et la défense d'Eckhart. Il loue le génie et le zèle du maître, convaincu que sa pensée n'a pas été comprise.

Au XVIe siècle, le Jésuite Pierre Canisius (1521-1597), originaire de Nimègue, étudiant à Cologne, un des plus actifs promoteurs de la Contre-Réforme dans les pays de langue allemande, comprend et aime la mystique rhénane. Il publie en 1543 une nouvelle édition des œuvres attribuées à Tauler. Il est vrai qu'en 1576, le général des Jésuites, estimant que sa Compagnie, tournée avant tout vers l'action, requiert une autre spiritualité que celle-là qui était destinée au cloître, interdit aux Jésuites la lecture de Raymond Lulle, Tauler, Suso, Ruysbrœck, même de sainte Mechtilde et de sainte Gertrude. Eckhart n'est même pas nommé, soit qu'il fût à tel point tombé dans l'oubli, soit que la défense de lire ce suspect n'eût pas besoin d'être prononcée, tant elle allait d'elle-même. Une défense analogue est faite aux Capucins de la province de Gand, en 1594, renouvelée au cours des années suivantes. Le nom d'Eckhart n'est pas cité non plus.

Hors des frontières d'Allemagne, la mystique rhénane et flamande fut probablement connue des mystiques anglais du XIVe siècle : Julienne de Norwich, Walter Hilton et l'auteur du *Nuage de l'inconnaissance*.

D'autre part, la domination des Pays-Bas par l'Espagne permit entre les deux pays des contacts permanents, culturels et non seulement politiques. On peut être sûr que, par l'intermédiaire des mystiques flamands, la pensée d'Eckhart a cheminé, anonyme, jusqu'à sainte Thérèse d'Avila et saint Jean de la Croix, comme un grand fleuve dont on n'a pas besoin de connaître la source pour boire à ses eaux. Mais la question n'a pas encore été suffisamment étudiée.

Pierre Canisius, Jésuite, éditeur en 1543 *des œuvres attribuées à Tauler.*

Les commentateurs d'Eckhart

En Allemagne même, qu'est-ce que les écrivains mystiques du XVIe et du XVIIe siècle doivent à Maître Eckhart, soit directement, soit par des emprunts à ses disciples de la Rhénanie ou des Flandres ? Retrouve-t-on des traces de sa doctrine chez ceux qui se situent pratiquement assez loin de toute confession, Paracelse (1493-1541), Valentin Weigel (1533-1588), Jacob Bœhme (1575-1624), Daniel von Czepko (1605-1660), chez un Jésuite comme Frédéric von Spe (1591-1635), ou un protestant converti au catholicisme, comme Jean Scheffler, le célèbre Angelus Silesius (1624-1677) ? Sans parler du XVIIIe siècle et du piétisme, les filiations étant de plus en plus malaisées à établir au fur et à mesure qu'on avance dans le temps. La principale difficulté provient de ce que les uns et les autres puisent en partie aux mêmes sources : Denys le mystique et, au delà, Proclus et Plotin. Seule une référence à une lecture ou une citation précise peut apporter une certitude. Or, malgré bien des travaux d'approche, parfois même d'excellentes monographies, il reste beaucoup à faire dans ce champ encore insuffisamment exploré. Souhaitons à tous ses défricheurs un sens critique et une objectivité dont on doit malheureusement regretter trop souvent l'insuffisance.

L'intérêt des romantiques pour le passé de leur pays devait faire sortir de l'ombre les grandes figures de la mystique médiévale en partie oubliées, sauf dans les cloîtres, peut-être. C'est ainsi qu'en 1829 parurent les œuvres de Suso publiées par Melchior Diepenbrock, futur évêque de Breslau et cardinal. Dans la préface, Joseph Görres qualifiait Eckhart de « figure merveilleuse à demi enveloppée de brouillard, presque un mythe chrétien ». L'absence de toute représentation iconographique, même de fantaisie, contribuait encore à faire d'Eckhart un personnage quasi légendaire.

C'est Franz Baader (1765-1841) qui, le premier, souligna toute l'importance d'Eckhart pour la philosophie de l'esprit. Il le cite à maintes reprises. En 1830, il exprime son intention de publier son œuvre d'après un manuscrit de Munich. « Eckhart est nommé avec raison « le Maître » ; il surpasse tous les mystiques, mais par ses expressions osées et imprudentes, il s'est fait tort à lui-même, en ce sens qu'il a été pour cette raison mal compris presque partout. »

Malgré son admiration et le désir de voir rendre justice au grand homme qu'il découvrait, Baader n'en a pas moins égaré la critique ; Baader, en effet, est catholique, mais il subit l'influence de Bœhme, et sa spéculation cherche à incliner le dogme dans le sens de la théosophie.

Au printemps de 1841, Baader raconta à l'un de ses élèves que, pendant un séjour à Berlin, il avait lu quelques passages de Maître Eckhart à Hegel qui ne connaissait encore celui-ci que de nom. Hegel fut si enthousiaste que, le lendemain, il fit à Baader tout un exposé sur Eckhart et s'écria : « Nous avons là ce que nous voulons ! » L'interlocuteur de Baader répondit qu'à son sens et d'après ce qu'il avait lui-même lu d'Eckhart, Hegel lui avait presque tout emprunté, sans cependant l'avoir compris. Nous laisserons à l'interlocuteur de Baader la responsabilité de son propos.

Dans ses conférences sur la philosophie de la religion, Hegel oppose aux théologiens protestants, confinés dans la critique et l'histoire, Maître Eckhart, qui a donné toute sa profondeur à la pensée que Dieu est esprit.

L'édition par Pfeiffer (1857) des sermons et traités attribués à Eckhart, attira sur le maître l'attention des plus grands esprits. Dans sa 3e édition du *Monde comme volonté et représentation* (1859), Schopenhauer loue l'édition de Pfeiffer qui rend enfin accessibles les « merveilleux écrits » de Maître Eckhart. Selon Schopenhauer, Eckhart a montré que la création pouvait et devait être libérée par l'homme. Ayant renoncé au vouloir-vivre, celui-ci permettra à la création de retourner à Dieu, c'est à dire au néant : non plus au « Néant » divin de la pensée dionysienne et eckhartienne, mais au nirvana qui semble bien être le néant absolu, selon l'hypothèse de Schopenhauer.

Vers le milieu du XIXe siècle, les historiens se mirent à l'étude de la mystique médiévale. Parurent à partir de 1840 les travaux de Charles Schmidt, Martensen, Greith, Stöckl, Lasson, Jundt, et surtout la grande *Histoire de la mystique allemande (Geschichte der deutschen Mystik)* en 3 volumes, (1873-1893) de Wilhelm Preger, ouvrages qui firent date, sans parler d'autres moins importants.

Charles Schmidt avait donné la note en présentant la doctrine d'Eckhart comme un panthéisme absolu. Sa thèse, reprise avec des nuances par les autres critiques, sembla si bien étayée qu'elle influença même les historiens catholiques : eux aussi virent en Maître Eckhart un panthéiste et ils l'abandonnèrent en même temps que Tauler et Suso, ces derniers avec à peine plus de regrets. Le livre de Joseph Bach, *Maître Eckhart, père de la spéculation allemande (Meister Eckhart, der Vater der deutschen Speculation*, 1864), se montrait un peu plus compréhensif.

Le Père Denifle, Dominicain, entra en lice en 1873. Il publia d'abord un florilège des mystiques allemands du XIVe siècle. Dès lors, il consacra à ces travaux le meilleur de son effort, sa vaste érudition, la sûreté de son jugement et la vigueur de sa plume. Tout récemment encore (1951), la publication d'un ouvrage posthume prouve à quel point il avait pris cette cause à cœur et combien son combat était nécessaire.

Pour toute la critique protestante, en effet, les mystiques allemands, Eckhart en tête, s'opposaient à la scolastique. Leur religion individualiste, leur effort pour atteindre Dieu, lui apparaissaient comme une réaction contre l'Église. Après la nuit du moyen âge, ces grands penseurs annoncent l'aurore, c'est à dire la Réforme.

Le P. Denifle n'eut pas de peine à montrer les insuffisances de Schmidt et de ses continuateurs, ainsi que les flottements dans la pensée de Preger. Ces critiques, dit-il en substance, ignorent totalement la pensée scolastique. Ils prennent donc pour des innovations ce qui, en fait, est un emprunt direct à saint Thomas. Les textes latins d'Eckhart, encore inédits, dont il publiait des fragments, venaient singulièrement à l'appui de ses assertions. Cependant, en exposant la théorie de l'être telle qu'il croyait la déceler chez Maître Eckhart, il ne le lavait pas absolument de l'accusation de panthéisme. Il ne le justifiait pleinement que dans la mesure où il le trouvait d'accord avec la scolastique : « ... sa faiblesse fut de s'en écarter ; c'est là, bien souvent, la cause de ses erreurs ».

Le grand critique protestant, Harnack, reconnut, dans son *Histoire des dogmes (Dogmengeschichte*, 1re éd. 1885, 2e éd. 1887*)*, le bien fondé de la thèse soutenue par le Père Denifle. Cependant, la théorie de Schmidt continuait à séduire certains penseurs. Dans son *Essai sur le panthéisme populaire au XIVe siècle* (1899), Henri Delacroix la reprit en la modifiant à peine.

Le cours fait à la Sorbonne par Henri Lichtenberger en 1909-1910 était d'un esprit bien différent. Il montrait qu'il était vain d'établir une ligne de démarcation trop nette entre les scolastiques et les mystiques : le sentiment religieux est à la base de la spéculation philosophique d'un saint Thomas, dont le système aboutit à la conception mystique de la *visio Dei*, et, d'autre part, la piété fondée sur la contemplation contient un élément intellectuel qui tend vers la spéculation philosophique. En même temps, Lichtenberger déblayait le terrain pour les futurs chercheurs. Alors que, dans ses *Études d'histoire et de psychologie du mysticisme* (1908), Delacroix tenait encore la *Vie* de Suso pour un document « historique », Henri Lichtenberger montrait avec une grande finesse d'intuition qu'elle renferme beaucoup d'éléments légendaires.

Du côté catholique aussi, on porte en France, vers cette époque, un jugement modéré sur Eckhart : ainsi F. Vernet dans le *Dictionnaire de théologie catholique* (t. IV, 1911), le Père Pourrat dans *La Spiritualité chrétienne* (t. II, 1921).

Malgré Denifle, les critiques n'abandonnèrent pas la voie frayée par Schmidt. Les premiers traducteurs de Maître Eckhart en allemand moderne accentuèrent encore cette tendance. G. Landauer (1903) écrit dans sa préface que « pour lui, (Eckhart) les dogmes et les traditions du christianisme n'ont presque qu'une signification symbolique ». Quant à la traduction de H. Büttner (Iéna, 1903), elle donne dans un plotinisme délirant. L'Église a trahi la religion du Christ fondée sur « l'union de l'être avec l'âme du monde », pour se rattacher à celle des apôtres et des premières communautés. A ce point de vue, pas de différence entre protestantisme et catholicisme : « Jéhova, qui est le Père de Jésus-Christ — ce mélange de dieux le plus couronné de succès et le plus opiniâtre que l'histoire connaisse — est le Dieu de Paul, le Dieu d'Augustin, le Dieu de Luther, le Dieu de l'Église. » La religion du Christ ne s'est plus perpétuée que parmi les hérétiques. Le rôle d'Eckhart a donc été de ramener le christianisme « mythologisant » de l'Église à la pure religion du Christ. Pour Büttner, Eckhart n'a de prédécesseurs que parmi les gnostiques, les premiers siècles chrétiens et les penseurs qui, au moyen âge, sont de cet esprit : Eckhart a repris la théorie moniste d'Avicenne et la doctrine de l'émanation de Plotin. Il doit certes beaucoup à la scolastique, mais il n'est lui-même que dans la mesure où il en diffère. La vraie religion, celle qu'Eckhart enseigne, consiste à rattacher notre être au « fond » éternel et un. C'est par concession au vocabulaire courant que Büttner le nomme encore Dieu. Il sollicite souvent le texte — et jusqu'au contresens — pour rendre sa traduction adéquate à l'image d'Eckhart qu'il a présentée dans sa préface. On doit noter que, de toutes les traductions d'Eckhart en allemand moderne, celle-là a eu les plus forts tirages.

Otto Karrer reprit en main la cause catholique d'Eckhart. Dans son livre le plus important sur lui : *Maître Eckhart, Le système de sa doctrine religieuse et de sa philosophie (Meister Eckehart, Das System seiner religiösen Lehre und Lebensweisheit*, Munich, 1926), il traduisit et groupa en de larges rubriques beaucoup de textes latins alors inconnus. Il les rapprocha des textes allemands sur le même sujet et montra que les propositions suspectes, même celles que le P. Denifle jugeait insoutenables, prennent un sens nouveau à la lumière d'assertions théologiquement irréprochables. Dans la courte postface ajoutée après l'impression de son livre, il exprime sa joie d'avoir récemment appris par des amis du Père Denifle que celui-ci avait plus tard reconnu s'être trompé sur quelques points essentiels.

Les publications du Père Théry, O. P., aboutissaient à des conclusions presque opposées. Ce savant Dominicain rendit d'éminents services à la critique en publiant des textes inédits, avec de précieuses références, mais malgré l'admiration qu'inspirent ses travaux, on ne saurait être toujours d'accord avec lui dans les jugements qu'il porte sur Eckhart. Alors que Denifle estimait que les propositions erronées d'Eckhart sont des accidents qui laissent intact l'essentiel de la doctrine, le P. Théry voit avant tout en Eckhart un scolastique décadent.

Si l'un des principaux griefs du P. Théry contre Eckhart a été son « tempérament excessif, une tournure d'esprit essentiellement dialectique, une intelligence qui a perdu comme tout soupçon des réalités psychologiques et de la complexité des mouvements de l'âme humaine », c'est dans la puissance de cette dialectique, au contraire, qu'Aloïs Dempf, philosophe catholique, situe son plus grand mérite et son génie (*Meister Eckhart, Eine Einführung in sein Werk*, Leipzig, 1934). Il explique par la rigueur même de cette dialectique, que son temps ignorait comme l'ignore le nôtre, les incompréhensions dont Eckhart a été l'objet. Dans une intention pédagogique, dit Dempf en substance, Eckhart a montré les deux aspects, le oui et le non du même problème. Chacun n'en a vu que la moitié. Le livre d'Herma Piesch sur l'éthique d'Eckhart (*Meister Eckharts Ethik*, Lucerne, 1935), répondait au même effort de vérité.

En 1926, Otto Karrer pouvait écrire : « Les littérateurs et les poètes ont précédé les chercheurs et inondé le vaste champ de l'opinion publique d'écrits enthousiastes et ingénieux, d'articles, d'introductions, récemment aussi de romans où le pieux maître médiéval danse avec Kant, Gœthe, Fichte, Hegel, Bergson, Éd. v. Hartmann, Nietzsche, Peter Schlemihl, Roméo et Juliette, la ronde bienheureuse du monde allemand des rêves. »

Or toutes ces divagations sur la doctrine eckhartienne n'étaient rien auprès de ce qui a suivi. Quand on se rappelle que les disciples d'Eckhart n'avaient pas assez d'épithètes laudatives pour leur « saint » maître, on reste confondu de le voir embrigadé par Alfred Rosenberg au service du national-socialisme, en même temps, d'ailleurs, que Gœthe, Hölderlin et tout l'art allemand. Les quelque quarante pages qu'il lui consacre, variations sur un thème connu tel que le lui fournissait Büttner, sont parmi les plus stupéfiantes qu'on puisse lire. A la religion d'Odin a succédé, pour le malheur de l'Europe, celle du « Jahweh syrien » en la personne de son représentant, « le pape romain étrusque ». Maître Eckhart a tenté de libérer le corps et l'âme empoisonnés, réduits en servitude par le dogme judéo-romain. Avec sa religion, son éthique et sa critique de la connaissance anti-romaines, Eckhart se sépare consciemment, radicalement, de tous les commandements fondamentaux de l'Église. Il a créé la religion de la race, du sang, pour les hommes de son sang. (*Le mythe du XX*e *siècle, Der Mythus des XX. Jahrhunderts*, éd. de 1934, pp. 217-259.)

Ces déclarations donnèrent le signal pour une série de brochures et de livres populaires sur Eckhart. Ils témoignent d'une telle profondeur d'ignorance que l'on pourrait presque la dire candide si elle ne s'inspirait de l'esprit que l'on sait : « Le sang, la foi, Jésus sont une unité », « Eckhart l'Allemand », « Maître Eckhart, annonciateur de la piété allemande », etc.

L'Église universelle.
*(Bible moralisée, XIII*e *siècle.)*

A côté de ces lamentables élucubrations, des travaux sérieux sur la pensée et la langue d'Eckhart ont continué à paraître. Beaucoup sont des thèses d'Universités allemandes. Quoique assez minces, en général, et de très inégale valeur, ces mémoires contribuent peu à peu à mettre en meilleure lumière le maître encore plus méconnu qu'ignoré.

Le plus urgent reste toujours la publication des œuvres complètes. Après les recherches effectuées en vue de la grande édition, on peut à peine espérer la découverte de nouveaux manuscrits contenant tout ou partie de l'œuvre allemande. Si nombreux déjà, ils alourdissent plutôt la tâche des éditeurs et n'apportent guère de nouveau, sinon, çà et là, une leçon plus satisfaisante. Il n'en va pas de même pour l'œuvre latine. On peut espérer sans beaucoup d'optimisme la découverte d'autres manuscrits avec, peut-être, des textes encore inconnus.

*Christ du XII*e *siècle, provenant de l'ancienne cathédrale de Cologne.*

La Cité de Dieu, Hortus deliciarum, *XII*ᵉ *siècle*.

« *Justus in perpetuum vivet...* »

Que ceux à qui cette constatation peut déplaire en prennent donc leur parti : Maître Eckhart n'est ni un gnostique, ni un théosophe, ni un hégélien avant la lettre, mais un théologien catholique doublé d'un mystique ou, plus exactement et selon une distinction chère à quelques-uns de ses fervents, un mystique qui cherche dans la théologie son secours et la confirmation, fondée sur l'Écriture et la tradition, de son intuition mystique. Certains, comme Rudolf Otto dans un livre célèbre, vont jusqu'à regretter qu'il ait utilisé par des moyens dialectiques ces auxiliaires contestables, au lieu d'adopter un langage symbolique plus personnel. Il est vrai que, se reprenant, le même auteur reconnaît que Maître Eckhart a créé au moins partiellement ce vocabulaire imagé qui traverse sans cesse de son jaillissement le langage scientifique de l'École. D'autres, au contraire, pour qui Eckhart est avant tout un scolastique, lui reprochent de s'être laissé parfois entraîner à infléchir les formules thomistes jusqu'à leur donner un contenu tout différent de leur signification première, comme s'il y avait été poussé par les doctrines de son époque décadente plus que par son génie mystique.

Soit qu'on cherche à le tirer à soi, soit que, au contraire, on le passe totalement sous silence ou qu'on l'écarte avec une réprobation plus ou moins vive, peu de penseurs ont été l'objet d'interprétations aussi opposées. Il suffit de se rappeler comment le jugeaient ses plus anciens disciples pour mesurer la divergence entre l'image qu'ils se faisaient de lui et celle que, depuis la réapparition de ses écrits voici un siècle, ont construite ses détracteurs ou certains admirateurs enthousiastes et abusifs. « Maître Eckhart à qui Dieu n'a rien caché », « Maître Eckhart qui a partout enseigné la vérité », lit-on en tête de certains manuscrits anciens. Tauler croit l'avoir suffisamment désigné en le nommant « un maître tout aimable ». Eckhart, et lui seul, a eu assez d'influence sur le jeune Henri Suso pour le libérer de son cas de conscience. Plus tard, le futur bienheureux parle à sa fille spirituelle des « pensées sublimes » qu'elle a choisies « dans la suave doctrine du saint maître Eckhart... de la boisson si noble du grand maître ». La *Vie* de Suso rapporte qu'après sa mort, Eckhart apparut à son disciple qui désirait apprendre de lui comment l'homme peut connaître la suprême Vérité. « Il doit, répond Eckhart, se désapproprier de son moi dans un profond renoncement, recevoir toute chose de Dieu, non de la créature, se montrer paisible et patient à l'égard des hommes qui se comportent comme des loups. » Et le pacifique Suso, le tendre, le scrupuleux, n'hésite pas à combattre pour défendre le Maître contre ses ennemis.

On ne peut même pas appliquer à Eckhart la parole de l'Évangile qui veut que l'on reconnaisse l'arbre à ses fruits. Quand, à son propos, on lit certains textes du XIXe et du XXe siècle, on est tenté de trouver prophétiques les termes de la bulle qui parlent cruellement de chardons et d'épines, d'ivraie répandue dans la semence de vérité. Mais on se rappelle aussitôt Suso, Tauler, Ruysbrœck, toute la mystique chrétienne après lui qui lui doit tant.

Il est du moins un point que, jusqu'à présent, personne n'avait mis en doute : le puissant génie d'Eckhart et son originalité. Or voici que, récemment, les études sur les débuts de la mystique spéculative et le mouvement des Béguines aux Pays-Bas, noblement illustré par les œuvres d'Hadewijch d'Anvers, font que certains chercheurs se demandent si Maître Eckhart ne s'est pas simplement approprié des doctrines et un vocabulaire qui existaient avant lui. Mais une grande intelligence reste-t-elle jamais étrangère aux courants de son temps ? L'opinion de ses contemporains et son influence prouvent assez qu'Eckhart était pour eux bien plus qu'un prédicateur mystique parmi d'autres.

On pense avec des sentiments mêlés que la pauvreté spirituelle — l'une des lignes de force de sa doctrine et sa constante application — il l'a obtenue, au delà même de son espérance, pour tout ce qui, après sa mort, pouvait encore être considéré comme son bien terrestre : son œuvre qui fut longtemps ignorée, ensuite mal interprétée, invoquée comme témoin contre le Christ et l'Église ; son originalité que l'on conteste ; le dédain des uns ; l'hommage à contresens des autres ; la suspicion d'hérésie attachée officiellement à quelques-unes de ses propositions, étendue par la postérité à toute sa doctrine — rien n'a manqué à sa disgrâce. En balance seulement — et pourtant l'essentiel — sa bonne foi et sa soumission à l'autorité, reconnues par la même bulle pontificale qui le condamnait.

« Deum et animam scire cupio », avait écrit saint Augustin. Eckhart, lui aussi, eut-il jamais d'autre désir que de connaître Dieu et l'âme ? La naissance du Verbe par la grâce dans l'homme noble — l'homme qui s'est renoncé —, l'union à lui — chef et membres, cep et rameaux — et, par lui, le médiateur, à son Père : ces dogmes fondamentaux du christianisme ont été le centre de son enseignement, de sa prédication, on peut dire de sa vie et de tout son être, jusqu'à une sorte d'ivresse non seulement didactique et oratoire, mais exaltante pour les forces vives de son intelligence et de son cœur.

Or la bulle le juge de façon incisive : « Il a voulu en savoir plus qu'il ne convenait. » Nicolas de Cues, celui de ses admirateurs qui fut le plus capable de le comprendre, estimait de même que tous les esprits ne peuvent pas assimiler sa doctrine.

Nous savons certes que le procès de Cologne a pour origine de basses intrigues, et des personnages peu recommandables pour premiers artisans. Des textes d'Eckhart ont été défigurés, certains critiques n'hésitent pas à dire falsifiés. Et pourtant, la bulle est là. Promulguée dans un seul diocèse, il est vrai, et non pas un acte du magistère infaillible, mais enfin rédigée et scellée par l'autorité du pape.

On s'étonne de ne pas avoir rencontré — et en cherchant bien parmi ses plus compromettants thuriféraires on trouverait probablement quelque assertion de cet ordre — une belle antithèse entre le génie germanique représenté par Eckhart, condamné en terre welche par le pape welche qu'était Jean XXII. Il est vrai qu'en ce pays qui devait être plus tard celui de Descartes, le goût des discriminations et des définitions strictes ne perd jamais tout à fait ses droits. Une Marie de l'Incarnation, Ursuline, poussera aussi loin que possible l'analyse de ses états mystiques. La clarté latine cherche à mettre de la lumière jusqu'au sein du mystère et au seuil de l'absolu.

Sans donner dans ces antithèses forcées, chaque penseur étant d'abord lui-même, on jugera peut-être plus sainement Maître Eckhart en le replaçant dans la tradition de son pays. Maître Eckhart « le gothique ». S'il a trouvé plus tard un tel crédit parmi ses compatriotes, n'est-ce pas que, malgré les contresens de leurs jugements sur le contenu de son œuvre, ils discernaient en lui quelques-uns des traits les plus profonds de leur nature ? Sans doute, les doctrines dont Eckhart s'est nourri, Platon et Aristote, Plotin et Proclus, Augustin et Denys, Bernard de Clairvaux et Thomas d'Aquin, n'ont rien à voir avec le génie germanique. Mais Eckhart a puisé là et poussé à l'extrême ce qui correspondait le mieux à sa nature. On trouve comme cristallisée en lui la mystique diffuse dans la pensée allemande, et aussi l'éternelle insatisfaction, la nostalgie d'autre chose, le besoin d'être ailleurs, de dépasser ses limites, d'oublier tous les modes d'être pour s'aliéner en plus grand que soi. Eckhart croit de toute son âme au Dieu en trois Personnes, mais déjà il préfère le désigner par des termes moins précis. Un jour viendra où des hommes de son pays, ayant oublié son nom, l'identifieront avec le Tout, l'Univers, l'Immanent, l'Absolu. L'Allemagne a trouvé sa meilleure expression dans la musique qui rompt toutes les amarres pour jeter l'homme dans un espace sans dimensions où il se perd, enivré et bienheureux. Quand on lit la phrase de la bulle — « Il a voulu en savoir plus qu'il ne convenait » — comment oublier aussi que le personnage en qui l'Allemagne s'est le mieux reconnue depuis des siècles est ce Faust dont le drame essentiel est celui de la connaissance ? La nature d'Eckhart recèle déjà les dangers qui pousseront l'homme de Worms et de Wittenberg à se jeter dans l'espérance éperdue en Dieu comme d'autres s'abîment dans le désespoir.

Mais chaque peuple a-t-il pu apporter au christianisme autre chose que lui-même ? Or l'apport « gothique » est celui de l'inquiétude métaphysique. A sa « démesure » intellectuelle, Eckhart a du moins accepté le frein de l'autorité.

Au siècle dernier, le Père Denifle s'affligeait de la suspicion dans laquelle, du côté catholique, on tenait les mystiques allemands, en particulier Eckhart. Il est vrai que bien des mystiques et des théologiens de toute langue ont eu avec le magistère des difficultés dont les générations suivantes ne leur ont guère tenu rigueur. A-t-on jamais cessé de citer

Origène, Tertullien, Scot Érigène ? Malgré la différence des circonstances et des tempéraments, on discerne d'assez nombreuses analogies entre le procès d'Eckhart et la querelle cherchée à Fénelon. L'œuvre de celui-ci a-t-elle pour autant cessé d'appartenir au patrimoine spirituel de l'Église ? D'autre part, la triste affaire du jansénisme a-t-elle nui au rayonnement de Pascal ? Et ne rencontre-t-on pas chez les saints les plus authentiques certaines formules qui, si on les pressait, pourraient apparaître presque aussi « malsonnantes » que celles d'Eckhart ?

Les discussions passionnées autour de son nom, la souillure que lui ont infligée ceux qui prétendaient l'exalter, la sévérité à son égard de certains de ses frères dominicains, l'état actuel des recherches et des études, ne permettent pas d'espérer qu'on lui rende justice aujourd'hui ni demain. Mais le temps est passé où l'on pouvait craindre la confusion entre sa doctrine et celle des Frères du Libre Esprit, qui rendait la bulle nécessaire, et l'Église a les siècles pour elle. Les plus grossières erreurs autour du nom et de l'œuvre d'Eckhart se dissipent peu à peu. Un temps viendra peut-être où, sa véritable pensée étant mieux connue, il sera réintégré avec toutes les précautions voulues dans la lignée des grands mystiques dont l'Église s'honore. En tout état de cause, nul ne pourra manquer de reconnaître que c'est la marque d'une bien éminente noblesse d'esprit que d'être ainsi pris de vertige devant la haute dignité de l'âme humaine et la grandeur de Dieu.

Addendum

Depuis la première édition de cet ouvrage, divers travaux ont apporté certaines précisions biographiques. La plus importante est due au Père Thomas Kaeppeli, O. P. (Archivum fratrum prædicatorum, XVII, 1957, *pp.* 120-167) *qui a découvert dans la bibliothèque conventuelle de Kremsmünster (Autriche) un recueil de sermons parisiens de la fin du* XIIIe *siècle. L'un d'eux, pour le jour de Pâques, porte cette mention :* Ekhardus, lector sententiarum. *Par les dates déjà connues des autres auteurs et les correspondances liturgiques, le P. Kaeppeli a pu établir que ces sermons avaient été prononcés en* 1293-94. *Ainsi, il faut avancer de dix ans le premier séjour d'Eckhart à Paris, ce qui fixe aussi entre* 1294 *et* 1298 *son priorat à Erfurt. Il a donc résidé trois fois à Paris* (1293-1294, 1302-1303, 1311-1313) *et non pas deux, comme on l'avait cru jusqu'ici.*

Dans la même revue, XXIX, 1959 (Kritische Studien zum Leben Meister Eckharts, I, Von den Anfängen bis zum Strassburger Aufenthalt einschliesslich), *Joseph Koch, l'un des savants éditeurs des œuvres latines, émet l'opinion qu'Eckhart aurait même été présent à Paris en* 1277, *au moment des difficultés suscitées par l'évêque Étienne Tempier à frère Thomas d'Aquin. Il aurait été à cette époque étudiant à la faculté des arts, élève de Siger de Brabant. J'avoue que l'argumentation m'a paru fragile et ne m'a pas convaincue.*

Par ailleurs, l'étude de divers documents, dont plusieurs inédits, a permis à cet érudit de fixer quelques autres points, tout en nous promettant d'autres précisions pour la période postérieure à 1322. *Fait très important : c'est en qualité de vicaire général de son Ordre qu'Eckhart fut envoyé à Strasbourg en* 1314, *en même temps qu'un de ses frères, avec juridiction sur les couvents de femmes de l'Allemagne du Sud. Ainsi, nous le voyons encore plus directement mêlé au courant mystique partout présent alors chez les moniales dominicaines.*

J'ajoute que, visitant récemment (été 1960*) l'église Saint-André de Cologne dont la crypte contient maintenant le tombeau de saint Albert le Grand, et confiée aux Dominicains depuis sa reconstruction après la dernière guerre, j'ai éprouvé une grande émotion. Un des vitraux modernes représente un dominicain sans nimbe, près des grands saints de son ordre, avec son nom : Maître Eckhart ! L'art de ces vitraux est très discuté, mais là n'était pas pour moi la question. A ma connaissance, Maître Eckhart n'avait jamais été représenté. Qu'il le soit pour la première fois sur un vitrail, dans une église, réjouira comme moi tous ses amis.*

Vitrail de Plotzke-Krüger, à l'église Saint-André de Cologne

Table

Textes

CE LIVRE EST LE SEPTIÈME DE LA COLLECTION « MAÎTRES SPIRITUELS »
DIRIGÉE PAR PAUL-ANDRÉ LESORT.

ACHEVÉ D'IMPRIMER EN 1985 PAR L'IMPRIMERIE TARDY QUERCY S.A. - BOURGES
D. L. 3e trim. 1956 - No 760-8 (12067)